はじめに

「福の根」という屋号は、この店で作った料理、おもてなしがお客様の福（幸せ）の根っこになりますように……という思いで名付けました。

料理は食べる人の気持ちになって作る。また、食べる人は作った人の気持ちになっていただく。作る人、食べる人、お互いの心が通じ合った時に人を幸せにする料理になるのではないでしょうか。

本書では、簡単でおいしく作れる料理をご紹介させていただきました。

参考にして、心のこもったおいしい料理を作っていただけましたら幸甚です。

坂根　久人

contents

魚をいただく

肉をいただく

野菜をいただく

卵・大豆をいただく

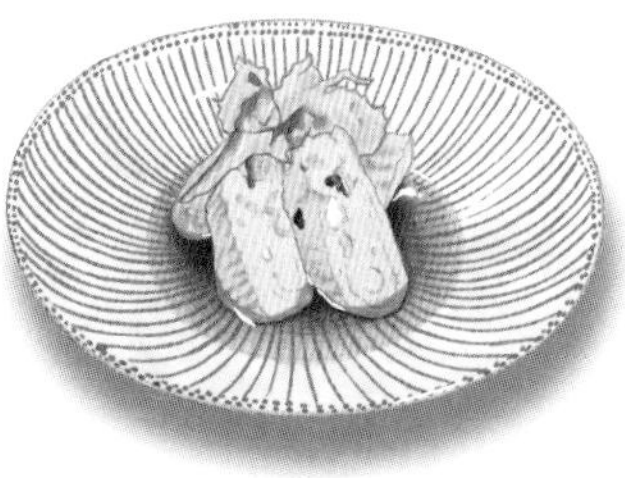

＊＊お正月料理にひと工夫＊＊

おもてなしの一品

シシャモのフライ ラッキョウの タルタルソース添え

【材料】2人分

シシャモ……8尾

ベビーリーフ……1袋

小麦粉……適量

卵……1個

パン粉……適量

【ラッキョウのタルタルソース】

ラッキョウ……30g

ゆで卵……1個

A

- マヨネーズ……50g
- 刻みネギ……5g
- ラッキョウの漬け汁……大さじ1
- 塩コショウ……少々

冷めてもおいしいシシャモのフライは、お弁当のおかずにもぴったりです。

酸味の利いたラッキョウのタルタルソースでサッパリといただきましょう。

作り方

❶ シシャモに小麦粉、卵、パン粉を順番に付けて、170℃の油（分量外）でカラッと揚げる。

❷ ラッキョウとゆで卵は粗めのみじん切りにし、**A**と混ぜ合わせてタルタルソースを作る。

❸ 皿にベビーリーフを乗せ、❶は4尾を半分に切って見栄えよく盛り付ける。❷を添えて出来上がり。

アジのなめろう丼

なめろうは、とったばかりの魚を材料に漁船上で調理する漁師料理として有名です。
作り方にある血合い骨とは、魚を３枚におろした時、背骨と腹身の境目にある赤い部分（血合い）の骨のこと。骨抜きで丁寧に取り除くか、血合いと一緒に切り取りましょう。

【材料】２人分
アジ（刺し身用・３枚におろしたもの）……200g
大葉……４枚
白ネギ……1/3本
土ショウガ……30g
卵黄……２個
海苔……適量
ご飯……丼２杯分
【調味料】
みそ……15g
梅干し……２個
煎りゴマ……大さじ1
ゴマ油……小さじ2

作り方
❶ アジは血合い骨を抜き、皮を引いて２㎜幅に切る。
❷ 大葉は千切りにする。
❸ 白ネギ、土ショウガは、それぞれみじん切りにする。
❹ まな板に❶とみそ、種を取り除いた梅干しを乗せ、包丁で叩きながら混ぜ合わせる。
❺ ❹に❸、煎りゴマ、ゴマ油を混ぜ合わせる。
❻ 丼にご飯を盛り、その上に❺を乗せる。
中央に卵黄を乗せ、❷と海苔を添えたら出来上がり。

カニ湯豆腐

調理が簡単な湯豆腐は食卓に上ることも多いのでは？
味がマンネリにならないようカニの風味が食欲をそそる、リッチな湯豆腐をご提案します。
締めは雑炊にするのもいいですね。
だしを活用して最後までおいしくいただきましょう。

【材料】２人分

カニ缶……１缶
絹ごし豆腐……１丁
春雨……20g
三つ葉……1/4束
卵……１個
ユズの皮……1/4個分

【合わせだし】

A だし……300ml
薄口しょうゆ……大さじ１
みりん……大さじ１

水溶きカタクリ粉……大さじ１

作り方

❶ 絹ごし豆腐は軽く水切りし、８等分に切る。
❷ 春雨は水に漬けて柔らかく戻す。
❸ 三つ葉は３㎝長さに切る。
❹ 鍋に**A**を合わせて火にかけ、煮立ってきたら❶と❷、カニの缶詰を汁ごと全て加える。再び煮立ったら、弱火にして３～５分コトコトと煮て、カニの味を豆腐や春雨に含ませる。
❺ ❹に水溶きカタクリ粉を加えて、とろみを付ける。卵を溶き、全体にふんわりと加える。
❻ ❸と刻んだユズの皮を散らして出来上がり。

イカ団子のみそバター煮込み

【材料】２人分

イカ……200g

むきエビ……50g

A
- 玉ネギ（みじん切り）……50g
- おろしショウガ……5g
- 溶き卵……１個分
- カタクリ粉……大さじ 1/2
- 塩コショウ……少々
- マヨネーズ……30g

コンニャク……1/2 丁

白ネギ……1/2 本

青ネギ（小口切り）……１本

油……適量

【煮汁】

B
- だし……250ml
- みりん……大さじ２
- 砂糖……大さじ１
- 濃い口しょうゆ……大さじ 1/2
- みそ……30g

バター……10g

ふわふわのイカ団子を使ったおかず。みそとバターでしっかりと味付けをしているので、ご飯が進みます。
イカ団子の材料をフードプロセッサーにかけた後、小さく刻んだゲソを加えると、コリッとした食感を楽しむこともできます。

作り方

❶ コンニャクは両面に斜めに切り込みを入れてひと口大に切り、ゆでる。白ネギは３㎝長さに切る。

❷ イカを適当な大きさに切り、むきエビと一緒にフードプロセッサーにかける。そこへ**A**を加えてさらにフードプロセッサーにかけ、ボウルに取り出す。

❸ 手に油を少量付け、❷を４等分して成形する。

❹ フライパンに適量の油を熱して❸を入れ、中火で両面を焼く。途中で❶を加えて焼き、**B**を加えたら落とし蓋をして中火で約 10 分煮る。

❺ 火を止めてからバターを入れて溶かす。器に盛り、青ネギを散らして出来上がり。

ブリの
おさかナゲット

ナゲットといえば鶏肉ですが、ここでご紹介するのはブリを使った変わり種のナゲット。２種類のソースで魚の臭みも気にならず、お子さんもおいしく食べられます。ポン酢やトウバンジャンをアレンジしたソースでも相性バッチリです。

【材料】２人分

ブリ……150g

木綿豆腐……50g

A
- 卵黄……1/2 個
- 薄力粉……大さじ１
- カタクリ粉……大さじ 1/2
- マヨネーズ……大さじ 1/2
- 濃い口しょうゆ……大さじ 1/2
- 塩コショウ……少々
- おろしショウガ……少々

玉ネギ（みじん切り）……20g

大葉（千切り）……３枚

油……適量

【バーベキューソース】

とんかつソース……大さじ１

焼肉のたれ……大さじ１

ケチャップ……大さじ２

ハチミツ……大さじ１

タバスコ……少々

コショウ……少々

【マスタードソース】

マスタード……大さじ４

卵黄……１個

ハチミツ……大さじ１

酢……小さじ 1/2

マヨネーズ……小さじ１

ケチャップ……小さじ１

塩コショウ……適量

作り方

❶ 木綿豆腐はキッチンペーパーで包み、電子レンジ（600W）で約１分加熱して水を切る。

❷ ブリは皮を切り落とし、身を包丁で細かく叩いてミンチ状にする。

❸ ボウルに❶と❷、**A**をよく混ぜ合わせる。さらに玉ネギのみじん切りと大葉の千切りを合わせる。

❹ ソースを２種類、材料を混ぜ合わせて作る。

❺ フライパンに油を少し多めに入れて、火にかける。❸を適量ずつ入れて、両面をこんがりと焼く。

❻ 器に盛り付け、❹を添えて出来上がり。

カレイの煮付け

ご飯との相性が良い煮魚の代表格です。ショウガとネギを利かせておいしく仕上げましょう。
カレイを霜降りするひと手間で、臭みをきれいに取り除くことができます。煮付ける時、切り身は重ならないように、野菜はフライパンの空いたところに入れましょう。

【材料】 2人分

カレイ（切り身）……2切れ（250g）
ゴボウ……25g
サトイモ……1個
レンコン……7㎜幅1枚
ショウガ……10g
シシトウ……2本
白ネギ……5㎝長さ

【調味料】

水（煮汁用）……250ml
酒……50ml
砂糖……大さじ2
みりん……50ml
濃い口しょうゆ……50ml

作り方

❶ 熱湯に水を加えて80℃くらいに温度を調整したら、カレイを入れて霜降りする。カレイの表面が白っぽくなったら、水に落とした後、水気を切る。
❷ ゴボウは斜め切りにして水に漬ける。サトイモは皮をむいてゆで、半分に切る。レンコンは皮をむいて半分に切る。ショウガは薄切りにする。
❸ 白ネギは千切りにして水にさらす。
❹ フライパンに調味料を全て入れて火にかけ、煮立ったらカレイと❷、シシトウを入れ、落とし蓋をして中火強で約10分煮る。
❺ ❹を器に移し、❸を天盛りにしたら出来上がり。

タコのレンコン餅

【材料】2人分
- レンコン……180g
- ゆでダコ……150g
- 青ネギ……10g
- 酢……少量
- **A** 塩……少々
- カタクリ粉……大さじ1
- 小麦粉……大さじ2
- 卵……1/2個
- ゴマ……大さじ1
- 揚げ油……適量

【ショウガじょうゆ】
- おろしショウガ……適量
- 濃い口しょうゆ……適量

シャキシャキとした食感が特徴的なレンコンですが、デンプンが多く含まれているので、すりおろすことでモチモチとしたレンコン餅に大変身！ここでは丸く成形して揚げ、たこ焼き風に仕上げていますが、両面をこんがりと焼き、甘ダレで食べてもおいしい、アレンジしやすいレシピです。

作り方

❶ レンコンは皮をむき、酢を少量加えた湯で3分ほどゆでで、ザルに上げて冷ます。

❷ ゆでダコは7㎜角に切る。

❸ 青ネギは小口切りにする。

❹ ❶をすりおろしてボウルに移し、**A**を加えてよく混ぜる。

❺ ❹に❷と❸を加えたら、ひと口大に取り、170℃の揚げ油で揚げる。

❻ ❺を器に乗せ、脇におろしショウガを盛る。濃い口しょうゆを入れた小皿を添えて、出来上がり。

アジを揚げることで食べ応えを出しつつも、梅干し、香味野菜でさっぱりと仕上げました。酒の肴にもいいですね。

アジと梅干しは相性抜群。

梅干しの量は、お好みで増減してみてください。

アジの梅ポン和え

【材料】2人分

- アジ（3枚おろし）……180g
- 白ネギ……1/2本
- プチトマト……6個
- シシトウ……6本
- 大葉……4枚
- 塩……適量
- カタクリ粉……適量
- 揚げ油……適量

【調味料】

- 梅干し……2個
- **A** ポン酢しょうゆ……大さじ3
- だし……20ml
- 砂糖……小さじ1

作り方

1. アジの3枚おろしは薄く塩を振り、10分置く。出てきた水分をキッチンペーパーで拭き取り、ひと口大に切ってカタクリ粉をまぶす。
2. シシトウはヘタを取って切り込みを入れ、白ネギは小口切りに、プチトマトは半分に切る。
3. 梅干しは種を除き、包丁で細かく叩いてペースト状にしたらボウルに入れ、**A**と混ぜ合わせる。
4. ❶と❷のシシトウを170℃の油で揚げ、油を切る。
5. ❸のボウルに❹と❷の白ネギとプチトマトを入れて和え、器に盛り付ける。
6. 千切りにした大葉を乗せて出来上がり。

寒ブリのなめこみぞれあんかけ

ブリに塩、コショウをして置いておくことで、臭みを取り除くことができます。
この工程は必ず行いましょう。
みぞれあんは、カブでもおいしくできますよ。

【材料】２人分
ブリ（切り身）……４切れ（220g）
大根……150g
なめこ……100g
水菜……少量
ユズの皮……1/4 個分
塩……適量
黒コショウ……適量
小麦粉……適量
油……適量
【あん】
A
だし……150ml
みりん……大さじ１
薄口しょうゆ……20ml
水溶きカタクリ粉……大さじ１

作り方
❶ ブリに塩、黒コショウをする。15 分ほど置いて味をなじませてから、薄く小麦粉を付ける。
❷ 大根をすりおろしてザルに上げ、適度に水分を切る。
❸ 水菜は３㎝長さに切る。
❹ フライパンに油を適量入れて熱し、❶の両面を中火で焼き、器に盛る。
❺ ❹のフライパンに**A**を入れ、煮立ったらなめこを加える。水溶きカタクリ粉でとろみを付けたら、❷を加える。
❻ ❺を❹にかけたら、千切りにしたユズの皮を散らして出来上がり。

カニと豆腐のとろろ蒸し

夏場、冷たいもののとりすぎで冷えてしまった体にも、寒い冬にも
おすすめの、体が温まる一品。
豆腐と長芋でヘルシーに仕上げました。
蒸し器で蒸すことで、ふんわりとした食感になります。

【材料】2人分

絹ごし豆腐……1/4丁（約90g）
長芋……50g
カニ缶（小）……1缶
溶き卵……1/2個分
シイタケ……1枚
三つ葉……2本
おろしショウガ……少々

【調味料】

A みりん……小さじ1/2
　薄口しょうゆ……大さじ1/2

【あん】

B だし＋カニ缶の汁……100ml
　みりん……小さじ2
　薄口しょうゆ……小さじ1
　濃い口しょうゆ……小さじ1
水溶きカタクリ粉……大さじ1

作り方

❶ 長芋は皮をむいてすりおろす。
❷ カニ缶はザルに上げて汁を切る。汁は、あんに使うので取っておく。
❸ シイタケは2㎜幅に切る。三つ葉は1㎝長さに切る。
❹ ボウルに絹ごし豆腐、❶、溶き卵を順に加えて混ぜ、さらに**A**と❸のシイタケ、❷のカニの身を加えて混ぜたら、器に入れる。
❺ ❹を蒸気の上がった蒸し器に入れ、弱火で10分蒸す。
❻ 鍋に**B**を合わせてひと煮立ちさせ、水溶きカタクリ粉でとろみを付けたら、三つ葉を加える。
❼ 蒸し上がった❺に❻をかけ、おろしショウガを乗せたら出来上がり。

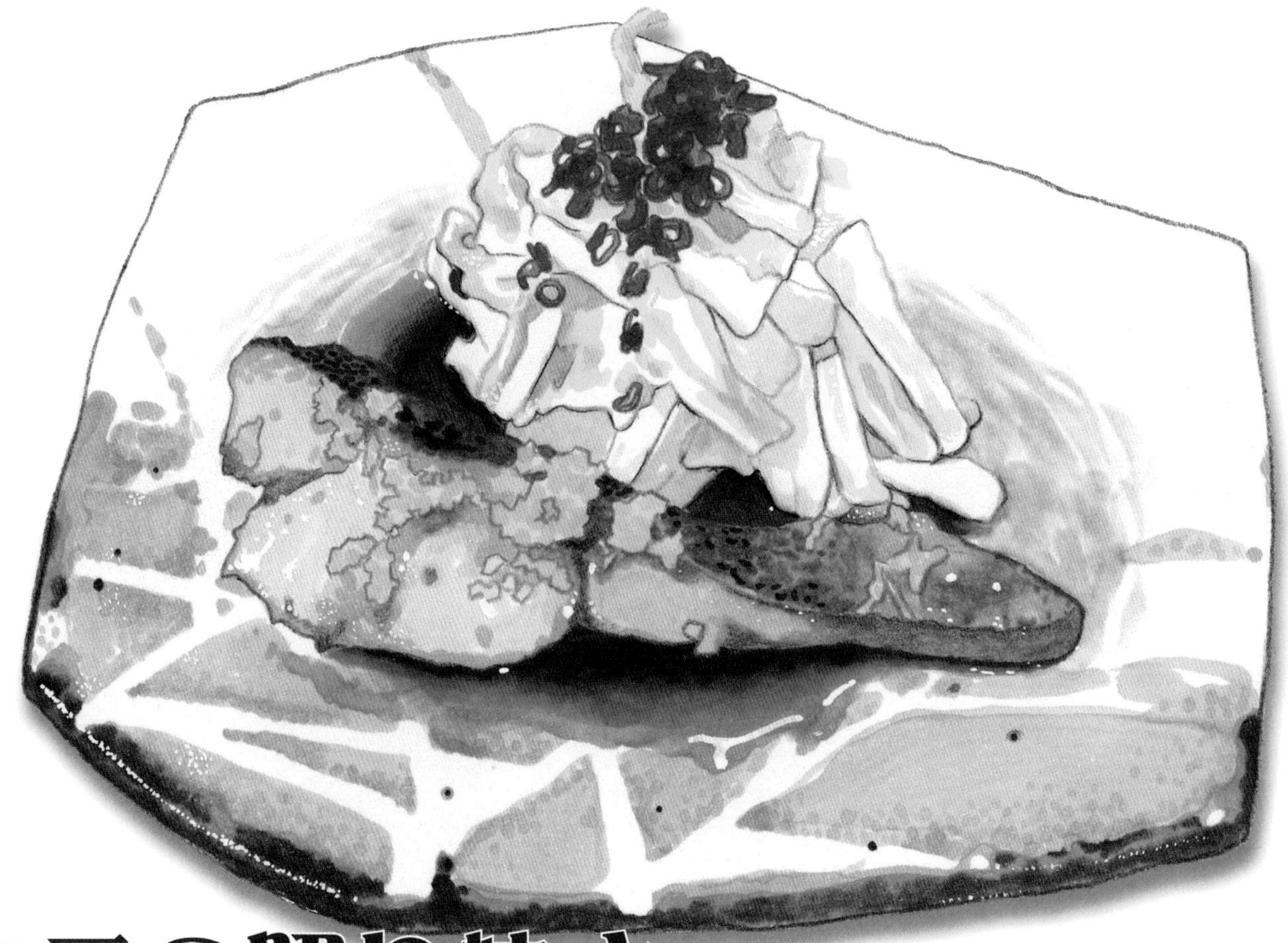

タラの照り焼き ユズバター風味

タラの身に塩を振ることで余分な水分を抜きます。小麦粉をまぶすことで香ばしく焼き上がり、照り焼きのタレともからみやすくなりますよ。

【材料】2人分

タラ（切り身）……2切れ
白菜……200g
ユズ……1/4個
青ネギ……少々
塩……適量
小麦粉……適量
油……適量
無塩バター……5g

【照り焼きのタレ】

酒……50ml
みりん……25ml
濃い口しょうゆ……25ml
砂糖……大さじ1

作り方

❶タラは薄く塩を振って1時間置く。

❷青ネギは小口切りにする。ユズは皮をむき、白い部分を取り除いてみじん切りにし、果肉の搾り汁は置いておく（約大さじ1）。

❸白菜は、芯を5㎝長さ、5㎝幅のざく切り、葉は5㎝角に切る。

❹照り焼きのタレの材料を全て混ぜ合わせておく。

❺フライパンに油を適量熱し、❸の白菜を芯、葉の順番に入れて炒める。薄く塩を振ってザルに上げ、水気を切る。

❻❶を水洗いし、水気を拭き取って小麦粉をまぶす。

❼❺に油を適量足し、❻を皮目を下にして入れ、中火で両面にこんがり焼き色が付くように焼く。

❽❹を加え、蓋をして軽く1分煮てから、タラにタレをかけながら煮詰める。火を止めてから、❷のユズの搾り汁と無塩バターを加え、余熱で溶かす。

❾器に❺と❽を盛り、タレをかける。タラに❷のユズの皮を乗せ、白菜に❷の青ネギを散らしたら出来上がり。

【材料】２人分
サワラ（切り身）……２切れ
ワカメ（戻したもの）……100g
白ネギ……1/2本
エノキダケ……40g
大根おろし……20g
一味唐辛子……適量
木の芽……２枚
【調味料】
A ゴマ油……大さじ１
　カタクリ粉……大さじ１
　塩……小さじ1/4
油……適量
酒……40ml
B だし……40ml
　ポン酢しょうゆ……30ml

作り方
❶ サワラは薄く塩を振って30分ほど置き、出てきた水気をキッチンペーパーで拭き取る。
❷ ワカメは食べやすい大きさに切り、白ネギは斜め薄切りに、エノキダケは半分に切る。全てをボウルに合わせたら**A**を加えて混ぜる。
❸ フライパンに油を熱し、❶を中火で香ばしく焼いたら取り出す。
❹ ❸のフライパンに❷を２等分して広げたら、その上にサワラを乗せる。酒を加えて蓋をし、中火で３～４分蒸し焼きにする。
❺ ボウルに**B**を合わせて、だし割りポン酢を作る。大根おろしに一味唐辛子を加えて、もみじおろしも作っておく。
❻ 器に❹のワカメ・白ネギ・エノキダケ、その上にサワラを盛ったら、❺のだし割りポン酢をかけ、もみじおろしを乗せ、木の芽を添えて出来上がり。

「千草《ちぐさ》蒸し」とは、複数の材料を使って蒸し上げた料理のこと。「千草」には「たくさんの」という意味があるそうです。サワラは、焼きすぎると身がパサパサしがち。蒸すことでしっとりとした仕上がりになります。あっさりとした、だし割りポン酢でどうぞ。

サワラの千草蒸し

サバと厚揚げの みぞれ煮

【材料】２人分

サバ（３枚おろし）……１尾（約250g）

厚揚げ……２個（170g）

マイタケ……80g

大根おろし（軽く水気を切ったもの）……80g

おろしショウガ……小さじ1

青ネギ（小口切り）……１本

塩……適量

小麦粉……適量

油……適量

【煮汁】

だし……300ml

砂糖……大さじ1

みりん……大さじ1

濃い口しょうゆ……大さじ2

大根は辛みの少ない上の部分を使うのがおすすめです。大根おろしの水分量によって、多少味付けの加減が変わってくるので、煮汁の量を調節しましょう。

サバの代わりに、ブリやエビ、鶏肉などでもアレンジできますよ。

作り方

❶ サバはひと口大に切り、薄く塩を振って小麦粉をまぶす。

❷ 厚揚げは熱湯をかけて油抜きをしてから、ひと口大に切る。マイタケは食べやすいサイズに分ける。

❸ 鍋に油を熱し、❶を皮目から中火で焼き、裏返したら❷を加えて焼く。

❹ 煮汁の材料を全て加え、落とし蓋をして５分煮る。

❺ 大根おろしとおろしショウガを加え、温まったら器に盛り付ける。

❻ 青ネギを散らして出来上がり。

スルメイカとエリンギの肝バター焼き

作り方

❶ スルメイカの胴とゲソの間に指を入れ、ワタがちぎれないようにゆっくり外す。ゲソに包丁を入れて開き、ワタを外したら、墨袋を取り除く。ワタは適当な大きさに切る。胴は1㎝幅の輪切り、ゲソは吸盤を切り落として2本ずつに切り離す。

❷ エリンギは縦に4等分に切り、4㎝長さに切る。

❸ フライパンに油を熱し、ニンニクのみじん切り、❶のスルメイカの胴とゲソ、エリンギを炒め、いったん取り出す。

❹ ❸のフライパンにバターを熱し、❶のスルメイカのワタ、酒、濃い口しょうゆを加えて炒め、味を見て塩コショウをする。❸で取り出した材料を戻して、サッとからめる。

❺ 皿に❹を盛り、千切りにした大葉を乗せたら出来上がり。

新鮮なスルメイカで作るバター焼きは、お弁当のおかずはもちろん、酒の肴にもぴったりな一品です。スルメイカは火を通しすぎると硬くなるので、あまり強火にせず、手早く炒めましょう。また、バターを入れると焦げやすいので注意を。塩の量は、バターとしょうゆの塩加減で調整してください。

【材料】2人分

スルメイカ……1杯（約300g）
エリンギ……2本
大葉……5枚
バター……10g
ニンニク（みじん切り）……小さじ1/2
油……適量

【調味料】

濃い口しょうゆ……小さじ1
酒……大さじ1
塩コショウ……適量

ブリの白菜煮

ブリと白菜を使った、あったか料理です。

ほんのりと甘い煮汁ごといただきましょう。

ポイントはブリの下処理。魚の臭みの元となる脂や血合い、ヌメリなどを取り除く「霜降り」の作業一つで、おいしさはグンとアップします。白菜は、繊維に沿って切ると水っぽくなりませんよ。

作り方

❶ ブリは２㎝厚さ、３㎝角に切り、塩を振って約20分置く。
❷ ❶をボウルに入れ、約80℃の湯を注いで霜降りにし、冷水に落としてウロコやヌメリを取る。
❸ 鍋に煮汁の分量を合わせ、火にかける。❷を加えて中火で煮る。
❹ 白菜は芯と葉に分け、芯はそぎ切りに、葉は大きめのひと口大に切る。
❺ ❸に火が通ったら、❹の白菜の芯を加えて落とし蓋をして強火にし、芯がしんなりしたら葉を加え、葉がしんなりしたら火を止める。
❻ 器に盛り、ユズの皮を千切りにして散らしたら出来上がり。

【材料】２人分
ブリ腹身（切り身）……２切れ（約200g）
白菜……250g
ユズの皮……1/4個分
塩……適量
【煮汁】
だし……300ml
酒……25ml
みりん……大さじ2
薄口しょうゆ……大さじ2
おろしショウガ……大さじ1/2

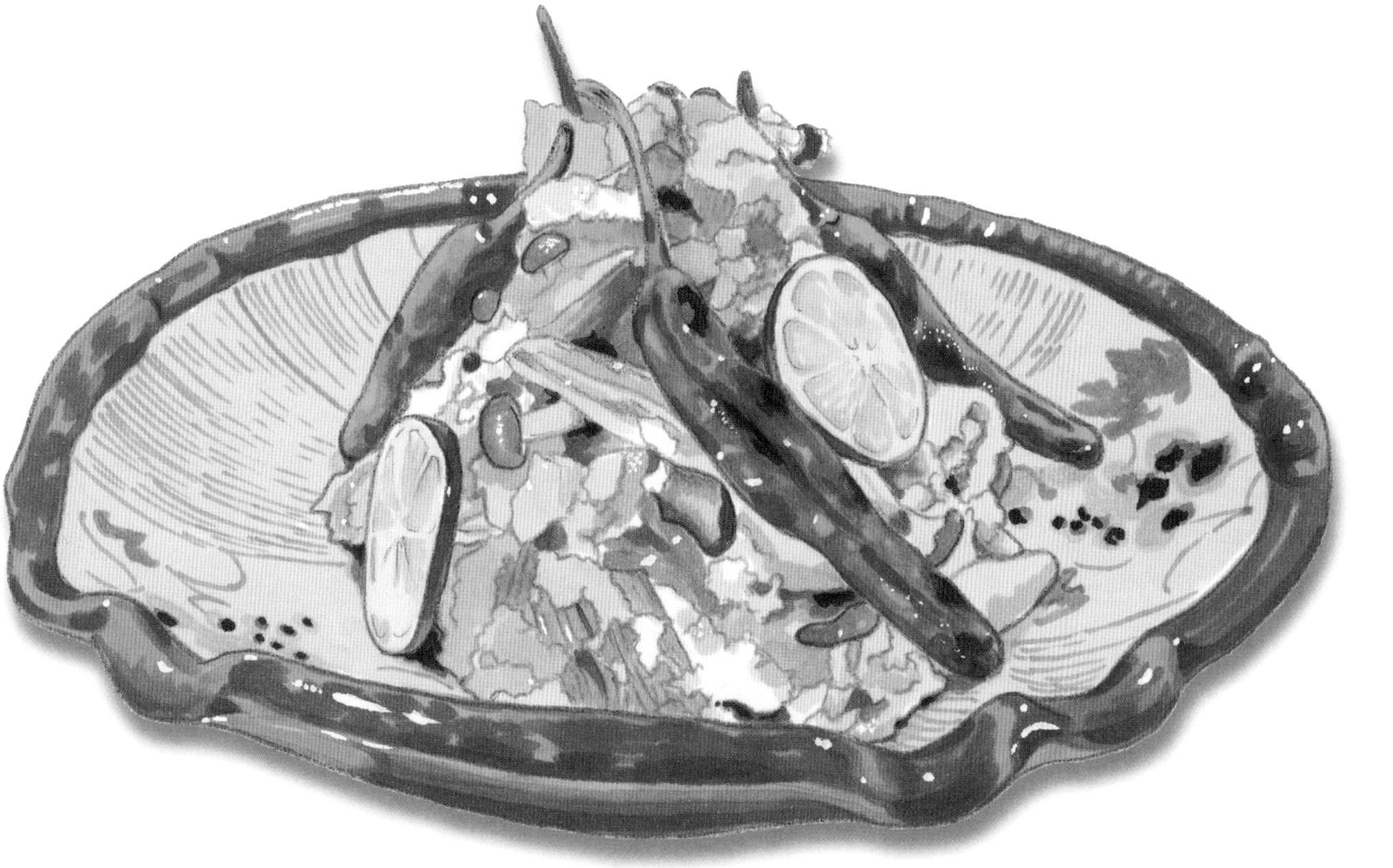

キノコと焼きサバのおろし和え

大根おろしでサッパリといただけるレシピです。キノコは炒めずにパリッと焼くことで、風味抜群の仕上がりになります。塩サバの塩加減はいろいろなので、しょうゆの量はお好みで加減してください。
サバの代わりにササミを使ってもいいですね。しょうゆの代わりにポン酢しょうゆを使うと、サッパリ感がアップしますよ。

【材料】2人分
塩サバ……1/2尾
シメジ……60g
マイタケ……60g
シイタケ……3枚
シシトウ……4本
大根おろし（水気を切ったもの）……200g
スダチ……1個
油……適量
【調味料】
塩……少々
濃い口しょうゆ……大さじ1

作り方
❶ 塩サバは魚焼きグリルで焼く。冷めたら皮と骨を取り除き、大きめに身をほぐす。
❷ シメジとマイタケは小房に分け、シイタケは5㎜幅に切る。
❸ フライパンに油を適量熱し、❷とシシトウを入れて強火で焼く（炒めるのではなく、焼き色を付けるように焼く）。焼き上がったらバットに移し、塩を少々振りかけて下味を付ける。
❹ スダチは半分に切ったら、飾り用に4枚ほど薄切りにしておく。
❺ 大根おろしに❹の飾り用以外のスダチを搾り、濃い口しょうゆを加えたら、❶と❸を和える。
❻ 器に盛り、❹の飾り用のスダチを乗せたら出来上がり。

鶏むね肉の塩麹天ぷら

低カロリーで高タンパク、鶏むね肉を使ったジューシーな天ぷらです。下味をしっかり付けて、味をよくなじませるのがポイントです。
塩麹《こうじ》を加えるため、加熱した時に焦げやすいのが難点。鶏むね肉は 20g くらいのひと口大に切るのが、上手に揚げるコツです。短時間で揚げることができます。

【材料】2人分
鶏むね肉……200g
大葉……5枚
レモン……1/4個
揚げ油……適量
【衣】
小麦粉・天ぷら粉・水……適量
【調味料】
塩麹（市販）……小さじ2
おろしショウガ……小さじ1
薄口しょうゆ……小さじ2
ゴマ油……小さじ1
コショウ……少々

作り方

❶ 鶏むね肉は皮を取り除き、約 20g くらいの大きさに切る。
❷ ❶に調味料を全て加え、味をしっかりなじませる。冷蔵庫で 30 分以上置くように。
❸ 半分に切った大葉で❷を挟み、小麦粉をまぶし、水で溶いた天ぷら粉を付けたら、170℃くらいの油で揚げる。
❹ こんがりと揚がったら、油をよく切り、器に盛り付ける。くし切りにしたレモンを添えて出来上がり。

カブと鶏の治部煮風

「治部煮《じぶに》」とは、金沢の代表的な郷土料理です。鶏肉にまぶす小麦粉は付けすぎないようにし、余分な粉は払い落とします。付け合わせの野菜は、カブ以外にも小松菜やホウレン草、スナップエンドウなど何でも合いますよ。あっさりとした、優しい味わいを楽しみましょう。

【材料】2人分

鶏もも肉……200g
カブ（葉付き・中くらい）……1個（約300g）
白ネギ（白髪ネギにする）……1/3本
塩コショウ……適量
小麦粉……適量
油……適量

【煮汁】

だし……300ml
砂糖……大さじ1/2
みりん……大さじ1
薄口しょうゆ……大さじ1
濃い口しょうゆ……大さじ1

作り方

❶ 鶏もも肉はひと口大に切り、塩、コショウをした後、小麦粉をまぶす。

❷ カブは皮をむき、5㎜厚さのイチョウ切りにする。葉は2㎝長さに切って茎と葉先に分け、白ネギは3㎝長さの白髪ネギにする。

❸ フライパンに油を熱し、❶を両面こんがりと焼く。❷のカブを入れて透明感が出るまで炒めたら、❷のカブの茎を加えてさらに炒め、煮汁の材料を全て入れてから、中火で5分ほど煮る。

❹ ❸に❷のカブの葉先を加えて器に盛り、白髪ネギを乗せたら出来上がり。

豚のエビ巻き蒸し

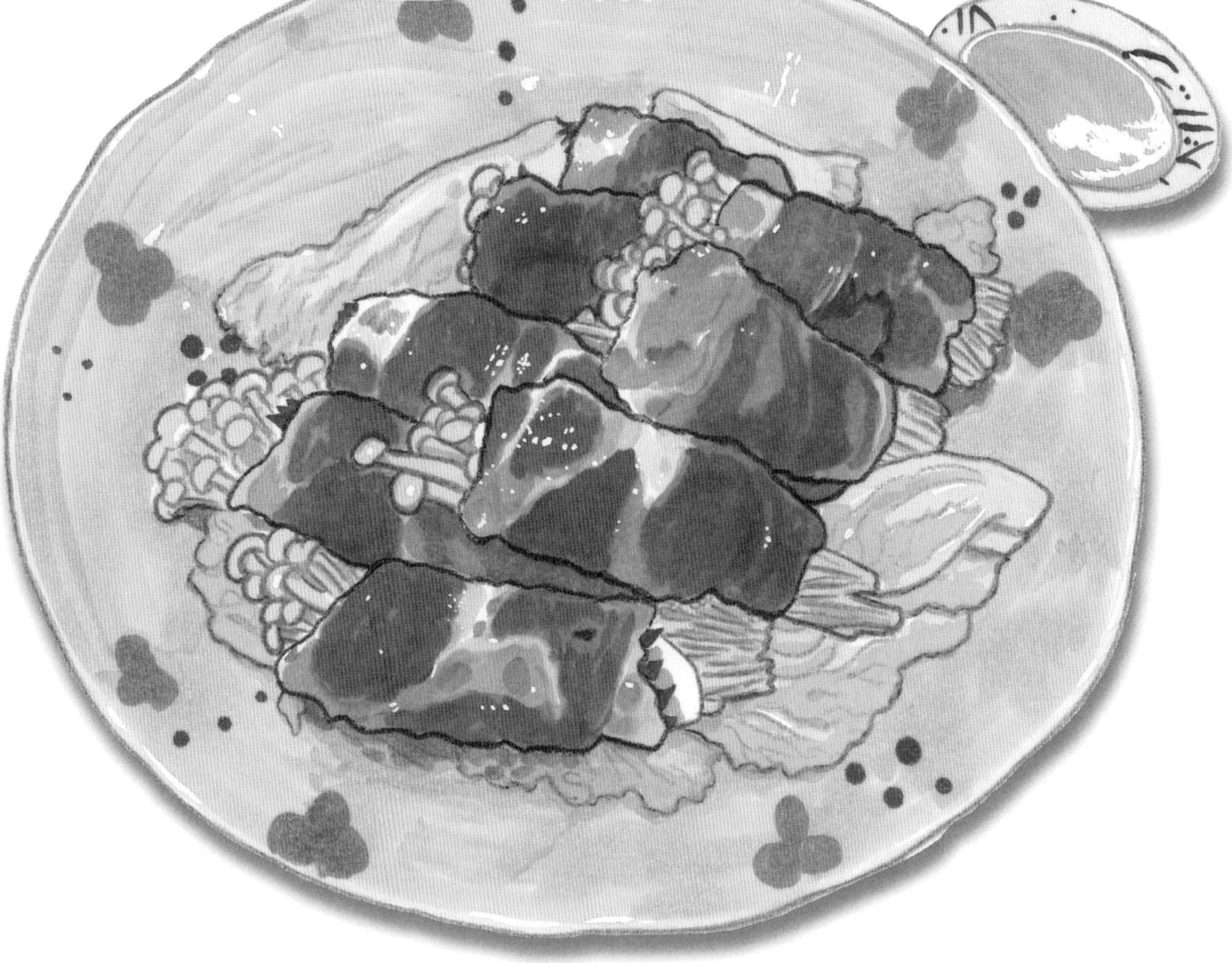

具材にひと手間かけ、蒸すことで、定番の肉巻きをよりおいしくいただきましょう。エノキダケの歯応えも楽しんで。
蒸す前に酒を振りかけることで、素材がふっくらと香り良く仕上がります。蒸し器がない場合は、電子レンジを代用しましょう。ホットプレートで焼いても、おいしく出来上がりますよ。

【材料】２人分
豚肩ロース（薄切り）……100g（約８枚）
エビ……100g
大葉……８枚
エノキダケ……100g

A
- ショウガ（おろし）……３g
- カタクリ粉……大さじ1/2
- マヨネーズ……大さじ１
- 塩コショウ……各少々

白菜……２～３枚
酒……大さじ２

【つけダレ】
練りゴマ……大さじ１
マヨネーズ……大さじ１
ポン酢しょうゆ……大さじ４
砂糖……小さじ２
トウバンジャン・ニンニク（おろし）……各少々

作り方

❶ エビは包丁で細かく叩く。ボウルに移して**A**を加え、よく混ぜる。
❷ バットなどに豚肩ロースの薄切りを１枚ずつ広げ、塩、コショウ（分量外）をしたら大葉を置く。その上に❶とエノキダケを乗せて手前から巻く。
❸ 白菜は適当な大きさに切り、器に並べる。その上に❷を並べて酒を振りかけたら、蒸し器で７～８分蒸す。
❹ つけダレの材料を合わせる。
❺ 蒸し上がった❸に❹を添えて出来上がり。

牛肉のあっさりしぐれ煮

ご飯が進む「しぐれ煮」は、冷めてもおいしく食べられます。

作り方❹で、牛肉を一度鍋から取り出し、仕上げにサッと煮からめることで、牛肉が硬くならずにふっくら軟らかく仕上がります。あっさりめに仕上げています。

【材料】２人分
牛肉（薄切り）……200g
ゴボウ……100g
コンニャク……130g
ニンジン……30g
ショウガ……20g
セリ……２本
【調味料】
酒……50ml
水……250ml
砂糖……大さじ5
濃い口しょうゆ……大さじ3

作り方
❶ 牛肉は３㎝幅に切る。
❷ ゴボウは斜め切りにし、水に落としてアク抜きをした後、水気を切る。
❸ コンニャクは拍子木に切ってゆがく。ニンジンとショウガは千切りにする。セリは３㎝長さに切る。
❹ 鍋に調味料を合わせて火にかけ、ひと煮立ちしたら❶を加え、強火でサッと火を通して取り出す。
❺ ❹の煮汁に❷と❸のコンニャクとショウガを加え、中火で約８分煮る。
❻ ❺の煮汁が1/3量くらいになったら❹の牛肉を戻し入れ、❸のニンジンを加え、ほぼ煮汁がなくなるまで煮からめる。
❼ 火を止めてからセリを加えたら出来上がり。

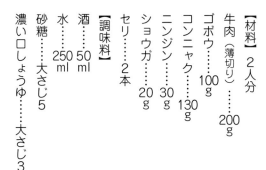

豚しゃぶの
冷やし梅とろろそうめん

「山のウナギ」と言われるほど滋養強壮に優れたとろろを入れた、さっぱりとしたスタミナメニュー。

体が冷えている時は、温かいにゅうめんにしてもおいしくいただけます。

【材料】２人分
そうめん……３束
豚肉（しゃぶしゃぶ用）……120g
梅干し……２個
長芋……150g
大葉……４枚
ミョウガ……１個
【調味料】
だし……400ml
みりん……大さじ１
酢……大さじ１
薄口しょうゆ……大さじ２
塩……小さじ１

作り方

❶ そうめんは熱湯で約２分ゆで、冷水に落として洗い、水気をしっかりと切って器に盛り付ける。
❷ ❶の熱湯に水を足し、約80℃にして豚肉をくぐらせて火を通し、ザルに上げて冷ます。
❸ 長芋はすりおろす。
❹ 梅干しは種を除き、包丁で細かく叩く。
❺ ❸に❹を混ぜ、調味料を全て加える。
❻ 大葉とミョウガは千切りにして洗う。
❼ ❶に❷を乗せ、❺をかける。❻を中央に乗せて出来上がり。

鶏とレンコンの ポン酢焼き

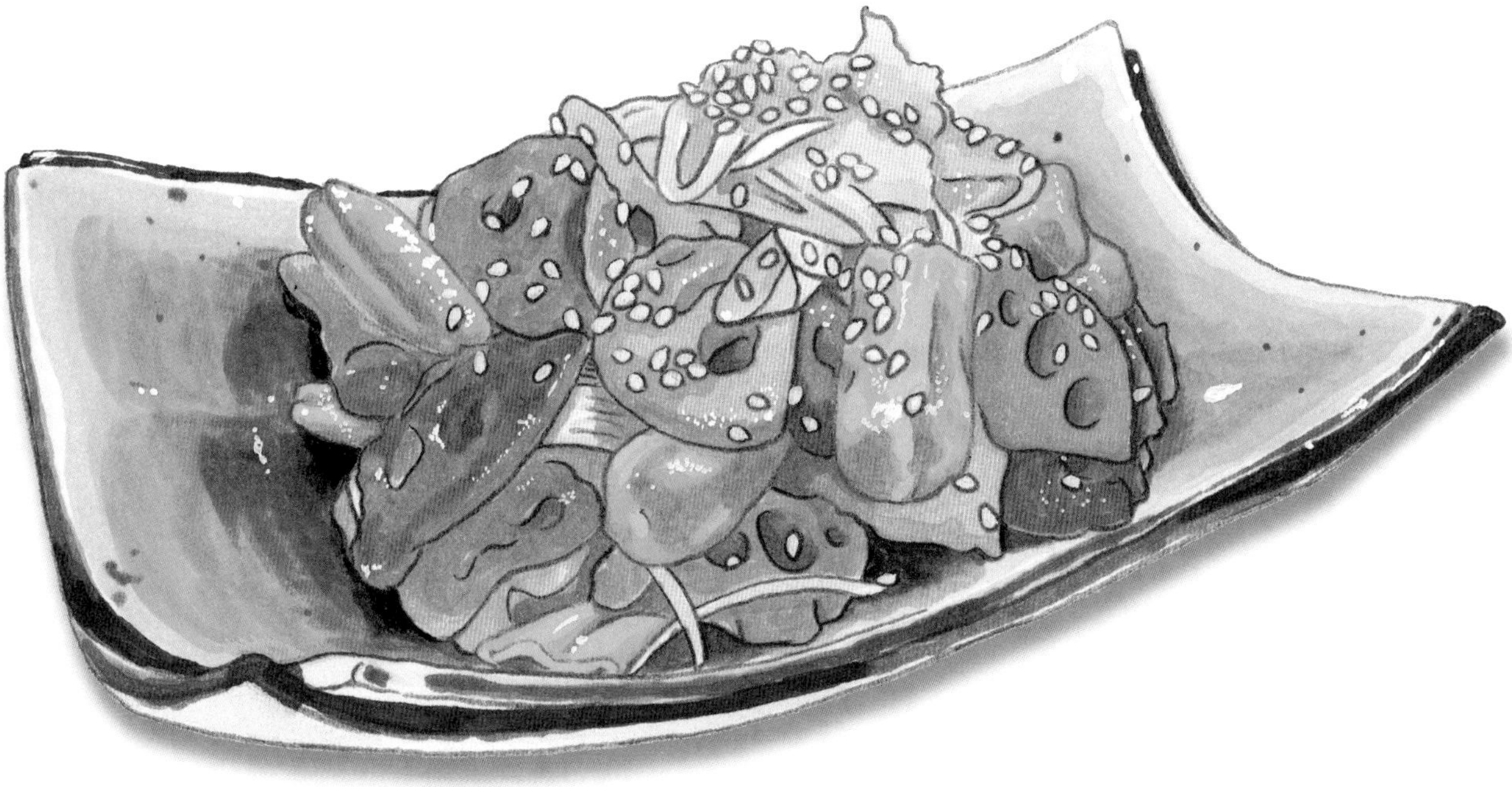

ポン酢しょうゆの酸味とユズコショウの辛みで、さっぱりとした仕上がりになります。
鶏肉はしっかりと焼き、余分な脂はキッチンペーパーで拭き取りましょう。
パプリカなどを入れて、さらに彩り良くしてもいいですね。

【材料】２人分
鶏もも肉……１枚（約250g）
レンコン……70g
青トウガラシ……４本
白ネギ……1/2本
ゴマ……少々
塩……適量
黒コショウ……適量
カタクリ粉……大さじ2
油……適量
【調味料】
ポン酢しょうゆ……50ml
ユズコショウ……３g
みりん……大さじ1/2

作り方
❶ 鶏もも肉はひと口大に切り、塩、黒コショウをして、カタクリ粉をまぶす。
❷ レンコンは皮をむき、１㎝厚さの半月切りにし、水に落とした後、水気を切る。
❸ 青トウガラシは半分に切る。白ネギは斜め切りにする。
❹ ボウルに調味料の材料を全て入れて合わせる。
❺ フライパンに油を入れて熱したら、中火で❶と❷を焼き、焼き色が付いたら❸を加えて炒める。
❻ ❺に❹の調味料を加えてからめたら、器に盛る。ゴマを散らして出来上がり。

手羽肉と相性抜群の大根を一緒に煮込み、肉のうまみをしっかりと染み込ませましょう。

煮込むことでナスもトロトロになり、おいしさが倍増。ご飯が進むおかずです。

手羽中と大根のゴマ煮

【材料】２人分
- 手羽中……６本
- 大根……200g
- ナス……１本
- すりゴマ……大さじ2
- 青ネギ……１本
- ゴマ油……大さじ1

【煮汁】
- A 水……500ml
- 砂糖……大さじ2
- 濃い口しょうゆ……50ml
- 水溶きカタクリ粉……大さじ1

作り方

❶ 手羽中は骨と骨の間に包丁を入れ、縦半分に切る。

❷ 大根は皮をむいて１cm幅のイチョウ切りにする。

❸ ナスは縦1/4に切り、3等分にする。

❹ 青ネギは小口切りにする。

❺ フライパンにゴマ油を熱し、❶、❷、❸を入れて焼く。材料全てにほどよく焼き色が付いたら、Aを加える。煮立ったらさらに中火で約5分煮る。

❻ 水溶きカタクリ粉でとろみを付け、すりゴマを加える。

❼ 器に盛り付け、❹を散らして出来上がり。

鶏肝の有馬煮

鶏肝を調理する際は、作り方❶のような下準備が必要です。このひと手間で臭みが取れ、おいしさがアップします、コンニャクとよく煮からめて仕上げましょう。「有馬煮」とは、佃煮などにした山椒を用いた煮物のこと。兵庫県の有馬地方が山椒の名産地であることから、山椒を使った日本料理には「有馬〜」と付きます。

【材料】2人分
鶏肝……200g
コンニャク……1丁
シシトウ……8本
七味唐辛子……適量
小麦粉……適量
油……適量
山椒の佃煮……大さじ1
【調味料】
酒……大さじ3
砂糖……大さじ1
みりん……大さじ4
濃い口しょうゆ……大さじ4

作り方

❶ 鶏肝はひと口大に切って血の塊を取り除き、流水で洗って水気を切る。

❷ コンニャクは❶の大きさに合わせてひと口大にちぎり、水洗いして水気を切る。

❸ ❶と小麦粉をポリ袋に入れてまぶす。フライパンに油を適量熱し、シシトウと一緒に焼いていったん取り出す。

❹ ❸のフライパンに❷を入れ、しっかり炒める。余分な油をキッチンペーパーで拭き取ってから、全ての調味料と山椒の佃煮を加えて中火で煮る。煮汁が半分くらいになったら❸を加えて強火で煮からめる。

❺ 器に盛り、お好みで七味唐辛子を振って出来上がり。

スペアリブの柔らか煮

スペアリブは、煮込む前に表面に焼き色を付け、肉のうまみを閉じ込めると、軟らかくジューシーになります。アク取りと脂取りは丁寧にしましょう。

【材料】２人分
スペアリブ……750g
ゴボウ……150g
コンニャク……150g
サヤインゲン……６本
ニンニク……２片
サラダ油……大さじ1
湯……1500ml
粉山椒……お好みで
【調味料】
酒……大さじ4
みりん……大さじ4
濃い口しょうゆ……50ml
砂糖……大さじ1

作り方

❶ ゴボウは５㎝長さに切り、さらに縦半分に切る。コンニャクはスプーンでちぎってゆでる。
❷ サヤインゲンは塩ゆでにする。
❸ フライパンにサラダ油を熱し、スペアリブとニンニクを入れて中火で焼く。焼き色が付いたら湯を全て加えて煮立たせる。浮いてきたアクと脂は取り除く。
❹ 落とし蓋をして中火で 20 分ほどゆで、❶を加えたら、さらに 20 分ほどゆでる。
❺ 調味料を全て加えて煮る。煮汁が少なくなったら、❷を加え、煮汁がほぼなくなるまで具材に煮汁をかけながら煮る。
❻ 器に盛り付け、お好みで粉山椒をかけて出来上がり。

豚バラ肉と大豆の炒め煮

栄養たっぷりの大豆を使ったレシピです。簡単でおいしいので、困った時の一品としてもご活用ください。コンニャクは、手で叩いてちぎることで味が染みやすくなります。中火でじっくりと煮て、材料全体にも味を染み込ませましょう。

【材料】２人分

豚バラ肉（薄切り）……150g

大豆（水煮）……100g

コンニャク……1/2 枚

サヤインゲン……40g

土ショウガ……150g

油……少量

【煮汁】

A

- だし……300ml
- 酒……50ml
- みりん……大さじ2
- 砂糖……大さじ1

濃い口しょうゆ……25ml

作り方

❶ 豚バラ肉は３㎝幅に切る。

❷ コンニャクは手で叩いてちぎり、熱湯でゆでてザルに上げる。

❸ サヤインゲンは４等分の斜め切りにし、塩ゆでして冷水に落とす。

❹ 土ショウガは皮をむいて千切りにする。

❺ 鍋に油を少量熱し、❶を炒める。豚肉に火が通ったら❷を加える。出てきた脂をキッチンペーパーでしっかり拭き取り、大豆の水煮を加える。

❻ **A**と❹を加える。煮立ったらアクをすくい、落とし蓋をして中火で約 10 分、煮汁が 1/3 くらいになるまで煮る。

❼ 濃い口しょうゆを加えて、煮汁がほぼなくなるまで煮詰める。❸を加え、温まったら出来上がり。

鶏の親子あんかけ茶そば

茶そばは、そば粉に抹茶を混ぜて打ったそば。さっぱりと食べやすく、喉ごしの良さが特長です。
このレシピのポイントは、鶏もも肉と白ネギ、シイタケを先に鍋に入れて、焼き目を付けてから、だしで煮ること。こうすることで、鶏の香ばしさとうまみがだしに移り、ネギも軟らかく仕上がります。

【材料】 2人分
鶏もも肉……1/2枚（約130g）
白ネギ……1本
生シイタケ……4枚
青ネギ……1本
卵……1個
茶そば……100g
油……適量
水溶きカタクリ粉……適量
七味唐辛子……適量
【調味料】
だし……600ml
みりん……大さじ3
塩……少々
薄口しょうゆ……大さじ3

作り方

❶ 鶏もも肉はひと口大の、そぎ切りにする。
❷ 白ネギは、表面に細かく切り込みを入れて3㎝長さに切る。生シイタケは5㎜幅に切る。青ネギは細かく刻む。
❸ 鍋に適量の油を熱し、❶を入れて中火で焼き色を付けたら、❷の白ネギを入れて炒め、生シイタケを加えてさらに炒め、調味料を全て入れたら5分ほど煮る。
❹ ❸に水溶きカタクリ粉でとろみを付けたら、卵をよく溶いて流し入れ、火を通す。
❺ 茶そばをゆでて器に盛り、❹をかけて❷の青ネギを乗せたら、七味唐辛子を添える。

豚肉と長芋の梅シソ天ぷら

長芋のシャキシャキとした食感が楽しめる、ボリューム満点の一品です。梅肉と青ジソであっさり味に仕上げました。おつまみはもちろん、お弁当にもぴったりです。
このままでもおいしくいただけますが、塩を少し振ったり、海苔を巻いてもおいしいですよ。

作り方

❶ 長芋は皮をむき、半月切りにする。
❷ 豚バラ肉を広げ、塩、黒コショウをしたら、青ジソ、種を取り除き包丁で叩いた梅干し、❶の順に乗せて巻く。
❸ ボウルに天ぷら粉と水を合わせて衣を作る。
❹ ❷に薄く小麦粉を付けてから❸を付け、165℃の揚げ油で約6分揚げる。
❺ 器に盛ったら、くし形に切ったレモンを添えて出来上がり。

【材料】2人分
長芋……200g
豚バラ肉（薄切り）……10枚（200g）
梅干し……2個分
青ジソ……10枚
レモン……1/2個
小麦粉……適量
揚げ油……適量
【調味料】
塩……適量
黒コショウ（粗びき）……適量
【衣】
水……100ml
天ぷら粉……60g

豚肉の オクラチーズ巻きフライ

オクラは、豚肉とチーズで巻いてカラッと揚げれば、お弁当にもビールにもぴったりな一品になります。材料を巻く時、チーズが豚肉からはみ出していると、揚げた時に中から出てきて、まわりとくっついてしまうので注意しましょう。

【材料】２人分
豚バラ肉（薄切り）……10 枚（約 200g）
オクラ……10 本
スライスチーズ……５枚
塩コショウ……少々
小麦粉……適量
卵……１個
パン粉……適量
サラダ油……適量
【マヨカレーソース】
マヨネーズ……大さじ3
トマトケチャップ……大さじ2
カレー粉……小さじ 1/2
レモン汁……小さじ1

作り方
❶ 豚バラ肉は塩、コショウで下味を付ける。
❷ オクラはガクを切り落とし、スライスチーズは半分に切る。
❸ ❶に❷のチーズとオクラを重ねるように置き、手前から巻く。この時、オクラとチーズが隠れるように、隙間なく巻いていく。
❹ ❸に小麦粉、卵、パン粉の順で衣を付け、サラダ油で揚げる。
❺ マヨカレーソースの材料を全て混ぜ合わせてソースを作る。
❻ ❹を器に盛り付け、❺を添えて出来上がり。

タケノコの食感と風味を生かした炊き込みご飯です。炊飯器で簡単に、しかも本格的な味に仕上がります。主役のタケノコは、少し大きめに切って歯応えを出しましょう。といだ米は一度ザルに上げ、水気を切ってから合わせだしを入れることで、ふっくらと炊き上がりますよ。

鶏と若竹の炊き込みご飯

【材料】2人分

米……2合
鶏もも肉……200g
ゆでタケノコ……150g
ワカメ……50g
木の芽……2枚
酒……少々
塩……少々

【合わせだし】

だし……370ml
薄口しょうゆ……大さじ2
みりん……20ml
塩……少々

作り方

❶米はといでザルに上げる。
❷鶏もも肉は1.5㎝角に切り、酒と塩を少々振りかけておく。
❸タケノコは穂先を短冊切りに、根元はイチョウ切りにする。
❹炊飯器に❶を入れたら、合わせだしの分量を全て加える。❷と❸を乗せて炊き上げる。
❺ワカメは水に漬けて戻したものをサッとゆでたら、包丁で粗めに叩く。
❻❹が炊き上がったら、❺を入れ、ざっくりと混ぜ合わせる。
❼❻を器に盛り付け、木の芽を飾って出来上がり。

豚肉のゴマみそ炒め

玉ネギとシメジを炒めたら、いったん取り出すのがポイント。炒めすぎないことで、シャキッとした素材の味が楽しめます。野菜は、キャベツやピーマン、ナスなどを使ってもいいですね。
ゴマとみその香ばしい風味が食欲をそそります。味がしっかりとしているのでご飯が進みます。

【材料】２人分
豚肩ロース肉（薄切り）……200g
玉ネギ……1/2 個（100g）
シメジ……１パック
青ネギ……１本
サラダ油……適量
【ゴマみそだれ】
練りゴマ……25g
白みそ……10g
酒……大さじ2
みりん……大さじ2
濃い口しょうゆ……大さじ2
砂糖……大さじ１と 1/2
おろしニンニク……少々

作り方
❶ 豚肩ロース肉は、ひと口大に切る。
❷ 玉ネギはくし形に切り、青ネギは小口切りにする。シメジは石突きを切り落とし、小房に分ける。
❸ ボウルにゴマみそだれの分量を全て合わせる。
❹ フライパンにサラダ油を適量熱し、❷の玉ネギとシメジを炒める。火が通ったら、いったん取り出す。
❺ ❹のフライパンで❶を炒める。火が通ったら❹を戻し、❸を加えて炒める。少し煮詰めてとろみを出す。
❻ 器に盛り付け、❷の青ネギを散らして出来上がり。

鶏むね肉のレモン南蛮

鶏むね肉を使ったヘルシーな一品。酢とレモンでさらにさっぱりと仕上げましょう。

鶏むね肉は揚げずにゆでることで、よりヘルシーになります。

ゆでて氷水で冷やしたそうめんや中華めんにかけてもおいしい！　作り置きにも最適です。

【材料】２人分

鶏むね肉……１枚（約300g）

玉ネギ……100g

レモン……１個

プチトマト……３個

ブロッコリースプラウト……1/2パック

【鶏のゆで汁】

水……700ml

塩……小さじ1

【レモン南蛮の合わせ酢】

A
- 鶏のゆで汁……200ml
- 酢……25ml
- 砂糖……大さじ1
- 濃い口しょうゆ……25ml
- タカノツメ（輪切り）……少々

B
- 粒マスタード……大さじ1
- レモン汁……25ml

作り方

❶ 鍋に鶏のゆで汁の分量を合わせて火にかける。煮立ったら鶏むね肉を入れて落とし蓋をし、弱火で３分火を通してから火を止め、そのまま冷やす。

❷ 玉ネギは薄切りにする。

❸ レモンは半分に切り、10枚ほど薄切りにする。プチトマトは１個につき３～４枚に切る。ブロッコリースプラウトは根を切り落とす。

❹ 鍋に**A**を合わせて火にかける。煮立ったら火を止め、❷を加える。冷蔵庫に入れて冷やし、**B**を加えて混ぜる。

❺ ❶を鍋から取り出して５㎜幅のそぎ切りにし、器に並べる。❹をたっぷりと回しかける。

❻ ❸を全て彩りよく並べて盛り付けたら出来上がり。

鶏ひき肉のかき揚げ

下味に水を加えることで、鶏ひき肉がパサつかずジューシーな仕上がりに。また、カタクリ粉を入れることでカリッと揚がります！
スプーンで生地をすくい入れて揚げる際、大きすぎると揚げ時間が長くなり、色が付きすぎてしまうので注意を。天つゆやポン酢しょうゆでいただいてもおいしいですよ。

【材料】２人分
鶏ひき肉……100g
玉ネギ……130g（約 1/2 個）
三つ葉……30g
小麦粉……大さじ2
カタクリ粉……大さじ1
レモン……1/4 個
塩……適量
揚げ油……適量
【鶏肉の下味】
卵……１個
水……大さじ2
塩……小さじ 1/2
コショウ……適量
ショウガ（みじん切り）……大さじ1

作り方

❶ ボウルに鶏ひき肉と下味の材料を全て入れ、混ぜ合わせる。
❷ 縦半分に切って薄切りにした玉ネギ、２㎝長さに切った三つ葉をボウルに入れ、小麦粉とカタクリ粉をまぶす。
❸ ❶と❷を混ぜ合わせる。
❹ ❸をスプーンで適量取り、170℃の揚げ油で揚げる。
❺ きつね色になったら取り出して塩を振り、器に盛ってくし形に切ったレモンを添えたら出来上がり。

牛バラ肉とコンニャクのぴりみそ煮

ユズコショウでピリッとした辛みを加えた、ひと味違うみそ煮です。一晩置くとさらに味が染み込むので、作り置きにもぴったりです。
牛肉を下ゆですることで上品な仕上がりになります。みそを使うので焦げないように火加減に注意してくださいね。

【材料】２人分
牛バラ肉（細切れ）……200g
コンニャク……1/2 丁
白ネギ……１本
水菜……80g
ニンニク……1/2 片
ユズの皮……1/4 個分
サラダ油……大さじ１
【煮汁】
水……150ml
酒……50ml
みそ……50g
濃い口しょうゆ……大さじ１
みりん……25ml
砂糖……大さじ２
ユズコショウ……小さじ 1/2

作り方

❶ 牛バラ肉は熱湯にサッとくぐらせて湯通しし、ザルに上げる。
❷ コンニャクは表面に味が染みやすいように切れ目を入れ、食べやすい大きさに切る。
❸ 白ネギは７㎜幅の斜め切りに、水菜は５㎝長さにそれぞれ切る。
❹ フライパンにサラダ油を熱し、薄切りにしたニンニクを炒める。ニンニクがほどよく色付いてきたら、❷のコンニャクの水分を飛ばすように炒める。コンニャクに焼き色が付いたら、煮汁の分量を全て加える。煮立ってきたら、❶を加え、再び煮立ったらアクを取って落とし蓋をし、弱火で 10 分煮る。
❺ ❸の白ネギを加え、さらに３分ほど煮てから❸の水菜も加え、サッとひと混ぜして火を止める。
❻ 器に盛り付け、刻んだユズの皮を乗せたら出来上がり。

春雨と豚バラ肉のうま煮

春雨を使っているので低カロリーですが、豚肉のうまみたっぷりのボリューム満点な一品です。しっかりと煮ることで、春雨に調味料を染み込ませましょう。旬の野菜をたっぷり入れてもいいですね。お好みで唐辛子やコチュジャンを加えてもおいしいですよ。

【材料】2人分
春雨……100g
豚バラ肉……100g
ニンジン……50g
ニンニク（みじん切り）……15g
卵……1個
青ネギ……1本
サラダ油……大さじ1

【調味料】
水……200ml
固形スープの素……1個
濃い口しょうゆ……大さじ3
砂糖……大さじ2
ゴマ油……大さじ1

作り方

❶ 春雨は熱湯に5分漬けてザルに上げる。
❷ 豚バラ肉は1㎝幅に切る。
❸ ニンジンは千切りにする。
❹ 卵は卵黄と卵白に分ける。
❺ 青ネギは小口切りにして水にさらす。
❻ フライパンにサラダ油とニンニクのみじん切りを合わせ、火にかける。ニンニクがほどよく色付いたら、❷と❸を加えて炒める。
❼ 豚肉に火が通ったら、❶を加えてさらに炒める。調味料を全て合わせて加え、ほぼ水分がなくなるまで煮詰める。❹の卵白のみを加えたら、サッと混ぜて器に盛る。
❽ 中央に❹の卵黄を乗せ、❺を散らして出来上がり。

南蛮漬けは、ご飯が進むおかずの代表格。食欲が減退しがちな夏にもさっぱりと食べられる一品です。
揚げた鶏肉は、しっかりと油を切りましょう。そうすることで南蛮地が油っこくならずにあっさりと仕上がります。冷蔵庫でしっかり冷えたら食べごろ。1週間は十分日持ちしますよ。

【材料】2人分

鶏もも肉……1枚（約250g）
ミョウガ……2個
玉ネギ……60g
セロリ……30g
カイワレ大根……1/3パック
塩コショウ……適量
小麦粉……大さじ2
カタクリ粉……大さじ1
揚げ油……適量

【南蛮地】

A
だし……200ml
みりん……大さじ2
砂糖……大さじ2
薄口しょうゆ……20ml
濃い口しょうゆ……20ml
酢……70ml

B
ショウガ（千切り）……10g
タカノツメ（輪切り）……1/2本

作り方

❶ 鶏もも肉は2㎝角に切り、塩、コショウで下味を付ける。
❷ ミョウガは縦に4等分に切る。セロリは短冊切り、玉ネギは薄切りにする。
❸ 鍋に**A**を合わせて火にかける。煮立ったら火を止めて、**B**を加える。
❹ ❶に小麦粉とカタクリ粉をまぶし175℃の揚げ油で揚げる。
❺ タッパーなどの耐熱容器に揚げたての❹を移す。その上から熱々の❸をかけて❷を乗せる。
❻ ラップで落とし蓋をして、常温になったら冷蔵庫で冷やす。
❼ ❻を器に盛り、半分に切ったカイワレ大根を天盛りにして出来上がり。

鶏の香り南蛮漬け

ハス蒸し
べっ甲あんかけ

「ハス蒸し」とは、すりおろしたレンコンに他の具材を混ぜ合わせて蒸した、金沢の郷土料理です。レンコンの水分が多い場合は、すりおろした後に軽く搾りましょう。中の具材は、白身魚やギンナンなど、お好みのものを。

【材料】２人分
レンコン……200g
カタクリ粉……小さじ2
カニ風味かまぼこ……２本
シメジ……30g
三つ葉……５本
ワサビ……少々

【下味】
みりん……小さじ1/2
薄口しょうゆ……小さじ1/2

【べっ甲あん】
A だし……200ml
みりん……20ml
濃い口しょうゆ……20ml
水溶きカタクリ粉……大さじ1

作り方

❶ レンコンは200g中、30gくらいを５㎜角に切り、残りはすりおろす。カタクリ粉を加えてボウルで混ぜ合わせ、下味の調味料で味付けする。

❷ カニ風味かまぼこは適当な大きさに手で裂く。シメジは石突きを切り落として小房に分ける。三つ葉は３㎝長さに切る。

❸ ❶を２等分にしてラップでふんわりと丸め、600Wの電子レンジで２分半加熱する。

❹ 鍋に**A**を合わせて火にかける。煮立ったら❷を全て加える。再び煮立ったら水溶きカタクリ粉でとろみを付ける。

❺ ❸をそれぞれ器に盛り、❹をかけ、ワサビを乗せたら出来上がり。

タケノコとちくわの炒め煮

タケノコの水煮を使って簡単に作れるレシピ。ただし、臭みがあるので、切った後に下ゆでをしましょう。
タケノコの部位によって切り方を変えることで、調理しやすくなり、食感も楽しめます。

【材料】2人分
タケノコ（水煮）……200g
ちくわ……120g（3～4本）
牛バラ肉……70g
ピーマン……2個
木の芽……4枚
ゴマ油……大さじ1
【調味料】
酒……50ml
砂糖……大さじ1
みりん……大さじ1
濃い口しょうゆ……大さじ2

作り方

❶ タケノコは、穂先を5㎝長さ、5㎜幅に切り、根元は5㎜幅のイチョウ切りにする。鍋に湯を沸かし、切ったタケノコを入れ、2分下ゆでする。

❷ ちくわは輪切りにする。ピーマンは5㎜幅に刻む。牛バラ肉は小さく切る。

❸ 調味料を全て混ぜ合わせておく。

❹ フライパンにゴマ油を入れて熱し、❶、❷を加えて炒める。❸を全て加え、煮汁がほぼなくなるまで煮からめる。

❺ 器に盛り付け、木の芽を散らして出来上がり。

新ジャガの海苔明太和え

新ジャガは、皮が薄くみずみずしいので、皮をむかなくてもおいしくいただけます。

新ジャガと他の材料を混ぜ合わせる時、軽く和えてゴロッとしたイモの形を残すと食べ応えが出ます。お好みでどうぞ。

辛みが苦手な方は、明太子で作ってくださいね。

【材料】 2人分
新ジャガ……300g
キヌサヤエンドウ……50g
辛子明太子……100g
マヨネーズ……大さじ1
バター……20g
焼き海苔……1/2枚
塩……適量

作り方

❶ 新ジャガは皮をむいて水でサッと洗う。
❷ キヌサヤエンドウは筋を取る。
❸ 辛子明太子は、包丁で切り目を入れて卵を取り出す。
❹ 焼き海苔は、手で適当な大きさにちぎる。
❺ 鍋に湯を沸かし、塩を適量加える。❷を先にゆで、冷水で冷やす。同じゆで汁で❶を約10分ゆでる。竹串がスッと通るのを確認してから、落とし蓋などで新ジャガを押さえながら湯を捨てる。新ジャガが入った鍋を再び火にかけ、水分を飛ばす。
❻ ❺の鍋にバターを加える。バターが溶けたらマヨネーズと❸、❹と❺のキヌサヤエンドウを加え、さっくりと和えたら出来上がり。

キノコと鶏のチーズとろろ焼き

いろいろなキノコの食感を存分に味わっていただけるレシピです。
キノコ類にはしっかりと下味を付けましょう。
とろろが入っているので、ふわふわでとろとろ。食感がクセになります。
長芋とチーズの相性も抜群です。

【材料】2人分

生シイタケ……4枚
シメジ……60g
エリンギ……1本（約60g）
鶏もも肉……120g
長芋……180g
ピザ用チーズ……40g
卵……1個
青ネギ……10g
サラダ油……少々
塩コショウ……適量

【とろろ味付け用調味料】

顆粒だし……小さじ1
濃い口しょうゆ……小さじ1
みりん……小さじ1
塩……少々

作り方

❶ 生シイタケは軸を切って1㎝幅に切る。シメジは小房に分ける。エリンギは半分に切った後、7㎜幅に切る。鶏もも肉は2㎝角に切る。

❷ 長芋はすりおろし、とろろの味付け用調味料全てとピザ用チーズ、卵、刻んだ青ネギを混ぜ合わせる。

❸ フライパンにサラダ油を熱し❶を入れ、塩、コショウで下味を付けて炒める。素材に火が通ったら火を止め、❷を加えて余熱で火を通す。

❹ ❸を2つの耐熱容器に分けて流す。オーブントースターで約7〜8分、いい焼き色が付いたら出来上がり。

サツマイモのきんぴら

自然な甘みをいかして砂糖は少なめに、そして皮ごとおいしくいただきます。
一味唐辛子がアクセントとなり、ご飯もお酒も進みそうです。

作り方

❶ サツマイモは皮付きのまま４㎝長さの短冊切りにする。水でサッと洗う程度にさらし、水気をしっかり切る。

❷ 牛ロース肉は１㎝幅に切る。

❸ 白ネギは斜め切り、青ネギは小口切りにする。

❹ フライパンにゴマ油を熱し、みじん切りにしたニンニクを炒める。香りが出てきたら❷を加えて炒め、さらに❶を加えて炒める。

❺ ❹のサツマイモがしんなりしてきたら、調味料を全て入れて混ぜる。火を止め、❸を全て加えて混ぜ合わせたら、お好みで一味唐辛子を振って出来上がり。

【材料】２人分
サツマイモ……150g
牛ロース肉（薄切り）……50g
白ネギ……1/2本
青ネギ……１本
ニンニク（みじん切り）……小さじ1/2
ゴマ油……適量
一味唐辛子……お好みで
【調味料】
酒……小さじ１
砂糖……大さじ1/2
濃い口しょうゆ……大さじ１

ニラとレンコンのお焼き

チヂミ風のお焼きは、すりおろしたレンコンを使っているので、もちもちとした食感が楽しめます。おつまみにもお弁当のおかずにもぴったり。
たくさん作って冷凍保存しておくと便利です。シイタケなどのキノコ類を入れてもおいしいですよ。

【材料】２人分
合いびきミンチ……100g
レンコン……150g
ニラ……50g
卵……1個
塩……少々
カタクリ粉……大さじ2
酢……適量
サラダ油……適量
【合いびきミンチの下味】
濃い口しょうゆ……小さじ2
みりん……小さじ1
【ソース】
ウスターソース……大さじ2
ケチャップ……大さじ1
酢……大さじ1
砂糖……小さじ1
トウバンジャン……少々

作り方

❶ フライパンにサラダ油を少々入れて熱し、合いびきミンチを炒める。火が通ったら、合いびきミンチの下味の調味料で味付けして冷ます。
❷ レンコンは皮をむき、酢を少々加えた湯で３分ほどゆがく。冷水に落として冷やし、おろし金ですりおろす。
❸ ニラは３㎝長さに切る。卵は割りほぐす。
❹ ❶、❷、❸と塩、カタクリ粉をボウルに入れて混ぜ合わせ、８等分にする。
❺ フライパンにサラダ油を少々入れて熱し、❹を入れて両面をこんがりと焼く。
❻ 別のボウルにソースの調味料を入れて混ぜ合わせる。
❼ 器に❺を盛り付け、❻を添えて出来上がり。

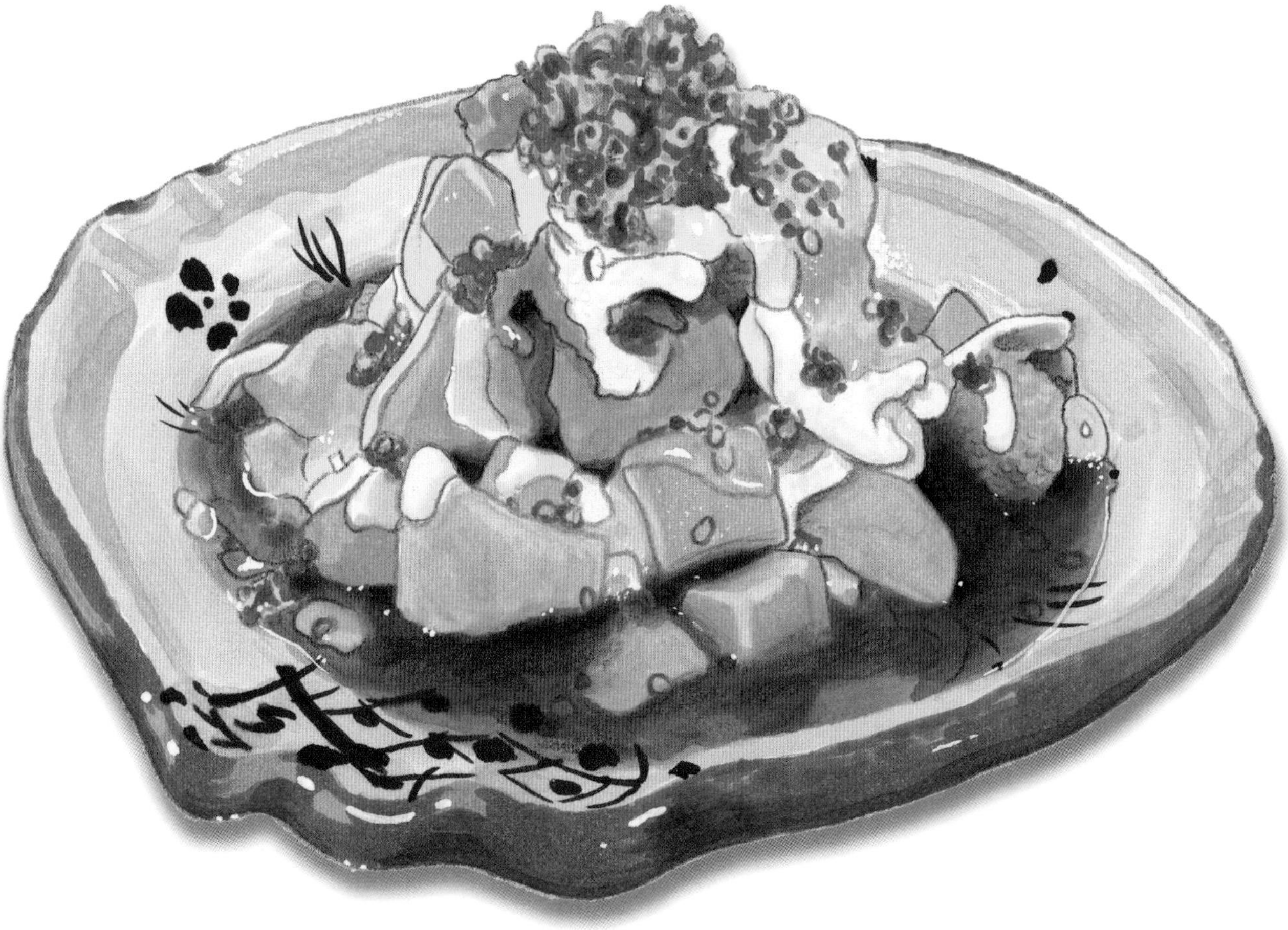

キムチーズ肉じゃが

肉じゃがにキムチとチーズを加えた、ひと味違ったメニューです。豚キムチを意識して、お肉は豚肉を。キムチとチーズの味を引き立てるために肉じゃがはあっさり味に。これが意外と好相性です。

【材料】2人分
豚バラ肉（薄切り）……100g
ジャガイモ……300g
玉ネギ……1/2個（約150g）
ニンジン……60g
キムチ……70g
ピザ用チーズ……50g
青ネギ……1本
油……適量
【煮汁】
だし……250ml
酒……50ml
砂糖……大さじ1
みりん……40ml
濃い口しょうゆ……40ml

作り方

❶ 豚バラ肉は４㎝長さに切る。
❷ ジャガイモは３㎝角に切り、水でサッと洗う。
❸ 玉ネギは縦に２㎝幅に切り、ニンジンは乱切りに、青ネギは５㎜の小口切りにする。
❹ 鍋に油を熱し、❶を中火で炒め、表面が白っぽくなったら、❷と❸の玉ネギ、ニンジンを加えてさらに炒める。煮汁の分量を全て加え、煮立ってきたらアクを取る。ジャガイモが煮崩れないように弱火にし、落とし蓋をして15分煮る。
❺ ❹にキムチを加えて２分煮たら、器に盛る。ピザ用チーズを全体に散らし、500Wの電子レンジで１分加熱して、チーズを溶かす。
❻ ❸の青ネギを乗せて出来上がり。

春キャベツと豚バラ肉の混ぜご飯

柔らかくて甘い春キャベツを使った混ぜご飯です。具材を炒める際、豚バラ肉から脂が出るので、キャベツを炒める時の油はごく少量でOKです。炊きたてのアツアツご飯に、炒めた具材を混ぜることで味がよくからむので、おかず要らずの一品です。彩りに刻んだ紅ショウガを添えてもいいですね。

【材料】2人分

米……1と1/2カップ（炊き上がり約500g）
キャベツ……200g
卵……1個
豚バラ肉（薄切り）……80g
青ネギ……1本
花かつお……適量
油……少々

【調味料】

塩コショウ……少々
濃い口しょうゆ……大さじ1
オイスターソース……大さじ1

作り方

❶ 米はといで炊飯器で炊く。
❷ キャベツは1.5㎝角くらいに切り、豚バラ肉は1㎝幅に切る。青ネギは小口切りにする。
❸ フライパンに油を少々熱し、❷のキャベツを強火で炒める。キャベツに火が通ったら、塩、コショウで下味を付ける。卵を加えて混ぜ、卵に火が通ったら全てをボウルに移す。
❹ ❸のフライパンに❷の豚バラ肉を入れ、脂が出るまでしっかりと炒めたら、濃い口しょうゆ、オイスターソースで調味し、❸と混ぜ合わせる。
❺ ❶の炊きたてのご飯に❹と❷の青ネギを加えて混ぜ、器に盛り、花かつおを乗せて出来上がり。

冷やしトマトそうめん

トマトソースも、そうめんも、器も、全て冷やして召し上がっていただきたい一品です。
ツナ缶は、オイルごと入れるとコクが出ておいしさアップ。カロリーが気になる方はオイルを切りましょう。ツナ缶なしで作ると、あっさりとした仕上がりになりますよ。

【材料】 2人分
トマト……1個（約180g）
ツナ缶（70g缶）……1缶
ブロッコリースプラウト……1/2パック
そうめん……2束
黒コショウ（粗びき）……適量
【トマトソース】
トマトジュース（190g缶・有塩）……2缶
砂糖……小さじ1
酢……小さじ2
薄口しょうゆ……大さじ1
塩……少々

作り方

❶ トマトはヘタを取って熱湯にくぐらせ、氷水に落として皮をむき、1㎝角に切る（種は取らなくてOK）。
❷ ブロッコリースプラウトは根を切り落とし、冷水に漬けてシャキッとさせる。
❸ ボウルにツナ缶とトマトソースの材料を全て合わせ、冷蔵庫で冷やしておく。
❹ 熱湯でそうめんをゆで、流水で洗って氷水に落とし、水気を切る。
❺ 器にそうめんを入れ、冷やしておいた❸をかけ、❶、❷を盛り付け、黒コショウを振って出来上がり。

タケノコとコンニャクの土佐煮

【材料】2人分
タケノコ（水煮）……1本（220g）
コンニャク……1/2丁
かつお節……15g
木の芽……適量
【調味料】
だし……200ml
砂糖……大さじ1
みりん……大さじ2
濃い口しょうゆ……大さじ3

煮汁が少なくなるまで煮た後、火を止めてからしばらく置くと味がより染み込みます。かつお節の量はお好みで調整してください。たっぷりからめると、より風味が増します。

作り方

❶ タケノコは2㎝角くらいの乱切りにする。
❷ コンニャクは❶のタケノコの大きさに合わせて手でちぎる。タケノコと一緒に熱湯で2～3分ゆでてから水にさらす。
❸ 鍋に調味料を合わせ、❷を加えたら、煮汁が少なくなるまで中火で15分煮る。
❹ ❸の全体にかつお節をまぶしたら器に盛り、木の芽を散らして出来上がり。

枝豆とはんぺんの変わり揚げ

エビは、塩を溶かした水で洗うことで、冷凍の臭みを取り除くことができます。
材料を混ぜ合わせる際、卵白を入れると最初は水っぽく感じますが、しっかり混ぜ合わせていくと、はんぺんが水分を適度に吸収し、なめらかな生地に仕上がります。
ふわふわとした食感をお楽しみください。

【材料】2人分

枝豆（さや入り）……200g
エビ……100g
はんぺん……1枚（110g）
海苔……2枚
揚げ油……適量

【調味料】

塩……小さじ1と1/2

A
酒……大さじ1
カタクリ粉……大さじ1
卵白……1個分

B
おろしショウガ……適量
濃い口しょうゆ……適量

作り方

❶ 熱湯に塩（分量外）を加えて枝豆をゆで、火が通ったら氷水に落として冷まし、さやから取り出す。
❷ エビは殻をむいて背わたを取り、塩（分量外）を溶かした水で洗って水気を取り、細かく叩く。
❸ はんぺんは手で細かく握りつぶす。
❹ 海苔は半分に切って、それぞれ4等分に切る。
❺ ボウルに❷と塩を入れて粘りが出るまで混ぜ、❶、❸、**A**を加えてしっかり混ぜる。
❻ 海苔で❺の生地を挟み、170℃の油で揚げる。器に盛り、**B**を合わせて添える。

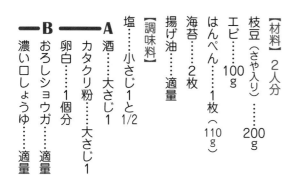

ジャガイモのカレーきんぴら

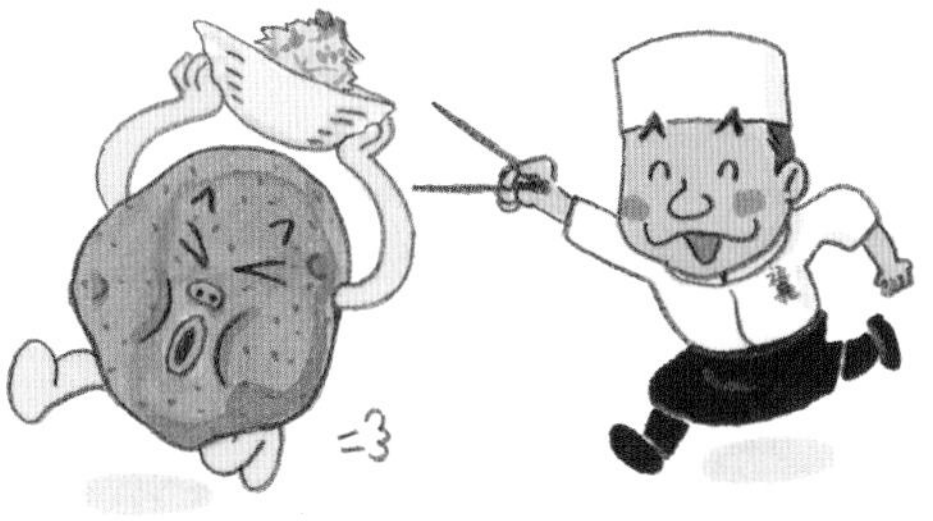

シャキシャキとしたジャガイモの食感を楽しむ、カレーきんぴらです。ジャガイモは水にさらした後、しっかりと水気を切りましょう。トウガラシで味にアクセントを付けてもいいですね。
「千六本」とは、千切りより太めの２㎜角で４～５㎝長さ、マッチ棒くらいに細く切る切り方のこと。主に大根を切る時に用いられています。

【材料】２人分
牛バラ肉（薄切り）……100ｇ
ジャガイモ……２個（約400ｇ）
三つ葉……30ｇ
サラダ油……少量
【調味料】
砂糖……大さじ1
酒……大さじ1
濃い口しょうゆ……大さじ3
みりん……大さじ1
カレー粉……小さじ1

作り方
❶ 牛バラ肉は２㎝幅に切る。
❷ ジャガイモは４㎝長さに切り、スライサーを使って千六本に切ったら、水に落として表面のデンプンを取り除き、水気をよく切る。
❸ フライパンに少量のサラダ油を熱し、❶を入れて炒め、火が通ったら取り出す。
❹ ❸のフライパンに❷を入れ、歯応えを残すように炒める。
❺ ❹のフライパンに❸を戻し、調味料を全て加えたら、汁気がなくなるまで手早く炒める。
❻ 器に盛り、仕上げに三つ葉を加えて出来上がり。

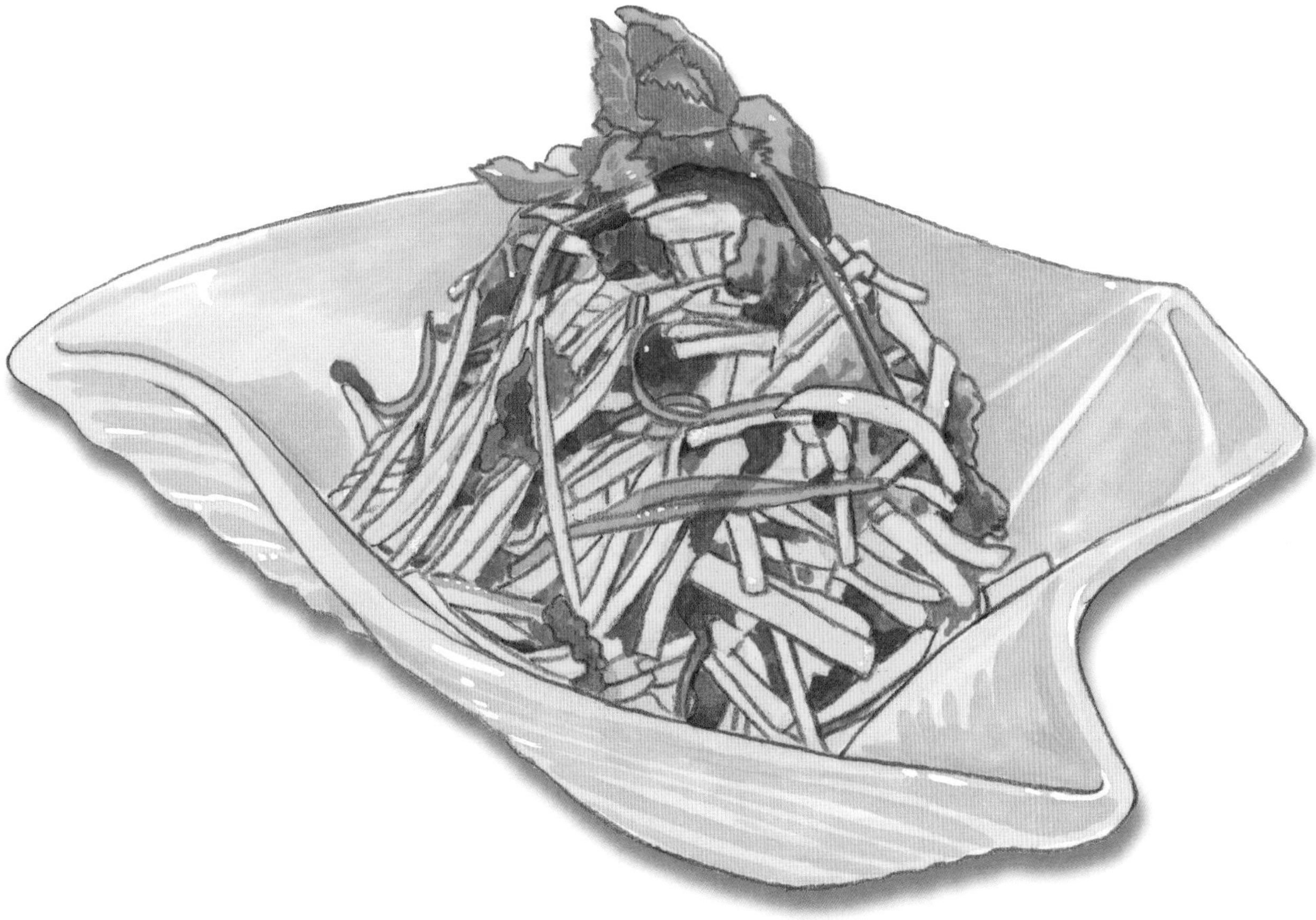

白菜と鶏むね肉のゴマ煮

白菜と相性のいい練りゴマを使ったあったかレシピです。ポイントは、白菜を葉と芯に分け、切り方を変えること。鶏むね肉は皮を取り、最後に入れてサッと煮ることで、柔らかく仕上げましょう。

【材料】2人分
白菜……400g
鶏むね肉……200g
シメジ……1パック
ショウガ……10g
青ネギ……適量
塩……適量
油……少々
カタクリ粉……適量
【煮汁】
だし……300ml
砂糖……大さじ2
濃い口しょうゆ……50ml
練りゴマ……25g

作り方

❶ 白菜は葉と芯に分け、葉は5㎝角、芯は短冊に切る。シメジは石突きの部分を切り落とし、バラバラにしておく。ショウガは千切りにする。
❷ 鶏むね肉は皮を取ってそぎ切りにし、軽く塩を振って5分ほど置いたら、両面にカタクリ粉をまぶす。
❸ 煮汁の分量を全て合わせておく。
❹ フライパンに油を入れて熱し、❶を全て入れて炒める。全体にしんなりしたら、❸を全て加える。煮立ったら中火にし、落とし蓋をして5分煮る。
❺ ❷を加え、再び落とし蓋をして2分煮る。
❻ 器に盛り、刻んだ青ネギを散らしたら出来上がり。

ジャガベーコンコーン

ジャガイモをメインに、色とりどりの食材を合わせた、目にもおいしい一品です。栄養たっぷりであっさりとした味付けなので、食欲のない時にもおすすめ。
使用するベーコンやバターによって塩分が異なるので、しょうゆの分量を調整しつつ、味を整えていきましょう。

【材料】2人分

ジャガイモ……2個（約400g）
ベーコン……100g
トウモロコシ……1本（むき身で約130g）
サヤインゲン……40g
サラダ油……適量
バター……10g
黒コショウ……適量

【煮汁】

だし……350ml
A 砂糖……大さじ1
みりん……20ml
濃い口しょうゆ……25ml

作り方

❶ ジャガイモは皮をむき、2.5㎝角に切る。ベーコンは棒状に切る。
❷ トウモロコシは皮付きのままラップをせずに、500Wの電子レンジで5分加熱する。皮をむき、実を芯から外す。
❸ サヤインゲンは塩ゆでし、食べやすい長さに切る。
❹ 鍋にサラダ油を少々熱し、❶を炒める。ジャガイモの角が透き通ってきたら、だしと❷を加える。煮立ったら弱火にして落とし蓋をして5分煮る。
❺ ❹に**A**を加え、さらに15分ほど弱火で煮る。
❻ ❺に❸とバターを加える。バターが溶け、サヤインゲンが温まったら、器に盛り付け、黒コショウを振って出来上がり。

カボチャの
鶏そぼろあんかけ

ホクホクのカボチャがおいしい、ホッとする一品。
ひき肉から出るうまみを、カボチャにからませていただきましょう。
カボチャを切る時は、包丁の根元を使います。

【材料】 2人分
カボチャ……1/4個（370g）
鶏ひき肉……70g
サヤインゲン……25g
おろしショウガ……少々
サラダ油……少量
【煮汁】
A
だし……300ml
砂糖……大さじ1
みりん……大さじ1
濃い口しょうゆ……大さじ1
薄口しょうゆ……小さじ2
水溶きカタクリ粉……大さじ1

作り方

❶ カボチャは種を取り、特に出っ張った部分をならすように皮をむく（皮は残してもOK）。くし形に切った後、5㎝角に切る。
❷ 鍋に少量のサラダ油を熱し、弱火で鶏ひき肉を炒める。ひき肉に火が通ったら、**A**と❶を加えて中火にする。煮立ったら弱火にして落とし蓋をし、約7～8分カボチャに火を通す。
❸ ❷のカボチャに竹串がスッと通ったら、濃い口しょうゆを加えて、8分ほど煮て味を含ませる。
❹ サヤインゲンは3㎝長さに斜め切りにして塩ゆでし、冷水に落とす。
❺ ❸のカボチャを器に盛る。残ったそぼろが入った煮汁に薄口しょうゆを加え、水溶きカタクリ粉でとろみを付ける。❹を加えて温めてからカボチャにかける。
❻ おろしショウガを天盛りにしたら、出来上がり。

キノコの
レンコンすり流し汁

作り方

❶ 豚バラ肉は３㎝幅に切る。

❷ レンコンは皮をむき、おろし金ですりおろす。

❸ マイタケとシメジは小房に分ける。生シイタケは５㎜幅に切る。白ネギは斜めの薄切りに、三つ葉は３㎝長さに切る。

❹ 鍋にゴマ油を中火で熱し、❶を炒める。火が通ったら、❸のキノコ類を全て加えてさらに炒める。

❺ キノコ類がしんなりしてきたら、だしを加える。ひと煮立ちさせてアクを取り、❷のレンコンを汁ごと加えて１分煮る。

❻ とろみが付いたら残りの調味料を加え、❸の白ネギと三つ葉を加える。

❼ 器に盛り付けたら、出来上がり。

歯応えもレンコンのおいしさのうちですが、今回はすりおろして、喉ごしの良い汁ものに大変身！
おろしたレンコンは、汁ごと全て加えるのがポイント。ほどよくとろみが付いて、なめらかな仕上がりになります。お好みでラー油や七味を加えるのもおすすめです。

【材料】２人分
豚バラ肉（薄切り）……70g
レンコン……100g
マイタケ……40g
シメジ……40g
生シイタケ……２枚
なめこ……70g
白ネギ……30g
三つ葉……1/4束
ゴマ油……大さじ１
【調味料】
だし……400ml
塩……小さじ1/2
薄口しょうゆ……大さじ１
酒……大さじ１

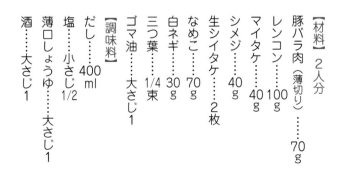

ナスとチーズの洋風茶碗蒸し

一見シンプルな見た目の洋風茶碗蒸しですが、スプーンですくうと具だくさんぶりにびっくりすること間違いなし。

おもてなしにも喜ばれます。

卵生地はザルでこし、なめらかな食感を作りましょう。

作り方

❶ ナスは皮をむき、2～3㎝角に切る。
❷ フライパンにサラダ油を少々熱し、鶏ひき肉を炒める。❶を加えてさらに炒め、しんなりしたら調味料を全て加え、水分がほぼなくなったら皿に上げて冷ます。
❸ **A**をボウルに入れて混ぜ、よく溶いた卵を加えたらザルでこす。
❹ ❷を器の中央にこんもりと盛るように入れたら、❸を静かに流し入れる（器の中央の具材が少し見えるくらいに）。
❺ 蒸気の上がった蒸し器に❹を入れる。強火で3分蒸し、表面が白くなったら弱火で6分蒸す。卵生地の上にピザ用チーズをまんべんなく散らし、さらに3分蒸す。
❻ ❺を取り出し、輪切りにしたミニトマトとカイワレ大根を散らして出来上がり。

【材料】2人分
ナス……1本
鶏ひき肉……50g
ピザ用チーズ……50g
ミニトマト……2個
カイワレ大根……少々
サラダ油……少々

【卵生地】
卵……1個
A だし……70ml
牛乳……50ml
薄口しょうゆ……小さじ1
みりん……小さじ1/2

【調味料】
酒……小さじ1
みりん……小さじ1
濃い口しょうゆ……小さじ1

万願寺唐辛子と
さつま揚げの炒り煮

京野菜の万願寺唐辛子は辛みや癖がなく、甘みがあって食べやすい食材なので、ご飯のおかずにもビールにも相性抜群！

唐辛子の歯応えを残したい場合は、炒めすぎないよう気を付けましょう。

素朴な味わいをお楽しみください。

作り方

❶ 万願寺唐辛子は、ヘタと種を取り、５㎜幅の斜め切りにする。さつま揚げは、３㎝長さ、５㎜幅に切る。
❷ 調味料を全て合わせておく。
❸ フライパンにゴマ油を適量熱し、❶の万願寺唐辛子を中火で炒める。
❹ ❸に、❶のさつま揚げとちりめんじゃこを加えて、さらに炒める。
❺ ❷を加えて炒り上げる。
❻ 水分がほぼなくなったら火を止めて器に盛り、かつお節を乗せて出来上がり。

【材料】２人分
万願寺唐辛子……６本（250g）
さつま揚げ……２枚（100g）
ちりめんじゃこ……30g
かつお節……適量
ゴマ油……適量
【調味料】
酒……50ml
砂糖……大さじ1
濃い口しょうゆ……大さじ1

豆腐のとろろ蒸し

作り方

❶ 木綿豆腐は軽く重石《おもし》をして水切りし、手で軽くつぶしながらボウルに入れる。
❷ 長芋はすりおろし、カニ缶の身はほぐしておく。三つ葉は２㎝長さに切る。
❸ ❶のボウルに**A**を入れ、❷の長芋とカニ缶（汁ごと）を加える。
❹ ❸を２つの器に入れ、蒸し器に並べたら、中火で 15 分蒸す。
❺ あんを作る。鍋にだしを沸かし、みりんと薄口しょうゆを加えて煮立てたら、ショウガ汁と❷の三つ葉を加える。水溶きカタクリ粉でとろみを付けたら、卵白を軽く溶いて加え、火を通す。
❻ ❹の蒸し器から器を取り出したら、❺をかけ、刻んだユズの皮を散らす。

すりおろした長芋は、加熱することによって少し固まるので食べやすくなり、豆腐との相性もいいですよ。薄味なので口当たりも良く、おなかにも優しい。
海苔や青ネギ、かつお節を添えてもいいですね。

【材料】２人分
木綿豆腐……1/2丁
長芋……50g
カニ缶（小）……1缶
三つ葉……1/2束
A 卵黄……1個分
薄口しょうゆ……大さじ1/2
塩……少々
カタクリ粉……大さじ1
卵白……1個分
ユズの皮……適量

【調味料】
だし……250ml
みりん……大さじ2
薄口しょうゆ……大さじ2
ショウガ汁……小さじ1
水溶きカタクリ粉……大さじ1

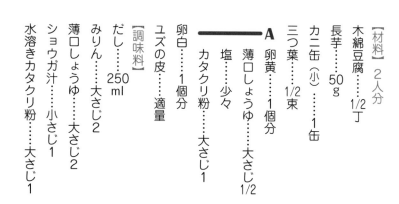

厚揚げと牛肉の柳川風

食べ応えのある厚揚げでボリュームアップした柳川風は、ご飯にかけて丼にしてもおいしいですよ。
ゴボウは、包丁で少し厚めのささがきにすれば、シャキシャキとした歯応えが楽しめます。ピーラーでより薄いささがきにすれば、ふんわりとした仕上がりになり、加熱時間も短縮できます。お好みでどうぞ。

【材料】2人分
厚揚げ……1個（約160g）
牛肉（薄切り）……120g
ゴボウ……100g
三つ葉……1/2束
卵……4個
粉山椒・油……各適量

【調味料】
だし……150ml
酒……50ml
みりん……100ml
砂糖……大さじ1と1/2
濃い口しょうゆ……70ml

作り方

❶ 厚揚げは熱湯で1分ほどゆでて油を抜き、水気を切ってひと口大に切る。
❷ 牛肉はひと口大に切る。ゴボウはささがきにして水にさらす。
❸ フライパンに油を少量熱したら、❷の牛肉を入れて中火で焼き目を付ける。❶、❷のゴボウを加えてサッと炒める。
❹ ❸に調味料を全て加えて、約4分中火で煮る。
❺ 3㎝くらいの長さに切った三つ葉を加え、さらに溶き卵を加えたら火を止め、半熟に仕上げて器に盛る。粉山椒を添えて出来上がり。

レンコン豆腐の揚げあんかけ

作り方

❶ レンコンは皮をむいてすりおろし、軽く水気を搾る。材料のうち30gほどはおろさずに、約5㎜角に切る。

❷ 豆腐は水切りする。ベーコンは細切りにする。

❸ ❶と❷、溶き卵、カタクリ粉、塩をボウルに入れ、手でしっかり混ぜ合わせる。

❹ ❸をスプーンでひと口大にまとめ、180℃の揚げ油で揚げる。

❺ 鍋に**A**を合わせて煮立て、水溶きカタクリ粉で薄くとろみを付けて、あんを作る。

❻ ❹を器に盛り、❺をかけ、青ネギの小口切りとおろしショウガを乗せる。

ポイントはレンコンと豆腐の水の切り具合。レンコンは、持ち上げた時に水がポタポタと落ちない程度が目安です。豆腐は、絹ごしはしっかりと、木綿は軽く水切りするように。モチモチとした中に、レンコンのシャキシャキ食感がクセになる!? 食欲をそそるベーコンの風味もお楽しみください。

【材料】2人分

レンコン……180g
豆腐……1/2丁
卵……1/2個
ベーコン（薄切り）……2枚
青ネギ（小口切り）……2本分
おろしショウガ……適量
カタクリ粉……大さじ2
塩……小さじ1/2
揚げ油……適量

【あん】

A
だし……180ml
酒……大さじ1
みりん……大さじ2
しょうゆ……大さじ2

水溶きカタクリ粉……適量

明石焼き風
だし巻き

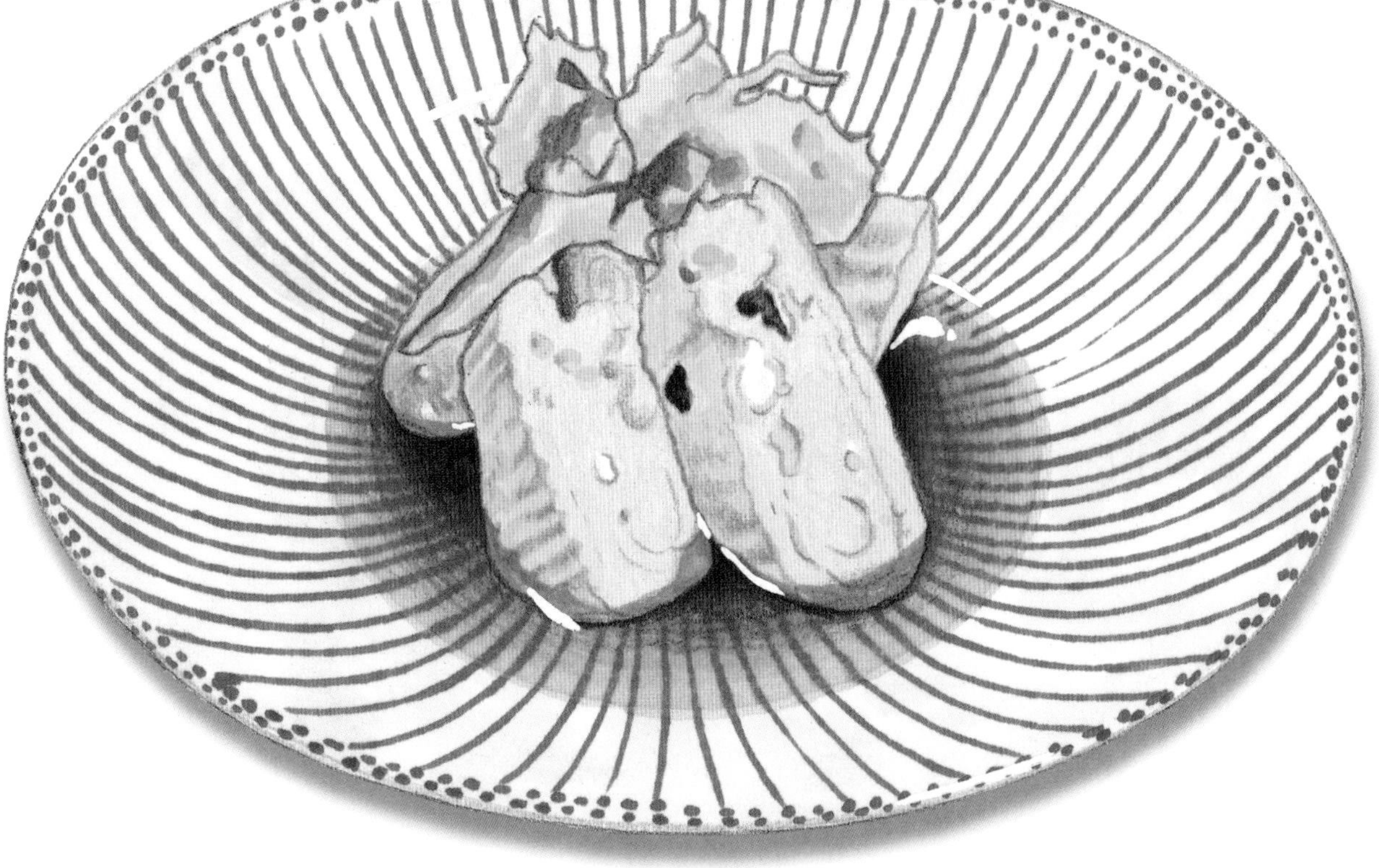

兵庫県明石市の郷土料理「明石焼き」をだし巻きにアレンジしてみました。卵生地にだしを加えることで、柔らかくフワフワのだし巻きになります。
だし汁は直接かけたり、明石焼きのように付けだしにして味を調節してもおいしくいただけます。
アツアツのうちに召し上がれ。

【材料】2人分
ゆでダコ（足）……100g
天かす（揚げ玉）……10g
紅ショウガ（粗みじん切り）……20g
かつお節……適量
油……適量
【卵生地】
卵……6個
A だし……60ml
薄口しょうゆ……小さじ2
みりん……小さじ2
【だし汁】
だし……240ml
みりん……30ml
薄口しょうゆ……20ml

作り方

❶ ゆでダコの足は5㎜角に切る。
❷ ボウルに卵生地の卵を溶きほぐし、**A**、❶、天かす、紅ショウガを加える。
❸ 鍋にだし汁の材料を全て合わせて煮立てる。
❹ だし巻きを1人分ずつ作る。卵焼き器を熱して油を引き、中火にして❷の卵生地を適量流し入れ、膨らんできたら向こうから手前に折りたたむように巻く。これを3回ほど繰り返し、七分通り火が通ったらOK。同じ要領でもう1つ作る。
❺ ❹のだし巻きを巻きすに乗せ、形を整えたらそれぞれ5等分に切る。
❻ 器に盛り付け、❸をかけ、かつお節を散らしたら出来上がり。

冷や奴と豚肉のゴマソース

ポン酢しょうゆが利いたゴマソースであっさりさっぱり味に仕上げました。
豚肩ロース肉は、湯にサッとくぐらせることで、余分な脂を落とし、臭みが取れます。玉ネギ、ミョウガ、ブロッコリースプラウトを合わせることで、さらにさっぱりといただけます。

【材料】2人分

絹ごし豆腐……1/2丁
豚肩ロース肉（薄切り）……150g
紫玉ネギ……1/2個
ミョウガ……2個
ブロッコリースプラウト……1/2パック
カタクリ粉……適量

【ゴマソース】

練りゴマ……40g
マヨネーズ……25g
ポン酢しょうゆ……100ml
砂糖……小さじ1
ラー油……少量

作り方

❶ 豚肩ロース肉は、半分に切ってカタクリ粉をまぶす。熱湯（水を加えて沸騰を抑える）に豚肉をくぐらせ、水に落とした後、水気を切る。
❷ 絹ごし豆腐は軽く水切りして、食べやすい大きさに切る。
❸ ブロッコリースプラウトは、根の部分を切り落とす。
❹ 紫玉ネギは薄切りに、ミョウガは千切りにしたら、それぞれ水にさらして水気を切る。
❺ ボウルにゴマソースの分量を全て入れ、混ぜ合わせる。
❻ ❺とは別のボウルに、❶と❹を和える。
❼ ❻を器に盛り付けて、❷を散らす。その上に❸を乗せ、❺を添えて出来上がり。

豆腐とキノコのとろとろ煮

キノコ類のとろみとうまみが他の食材にからんだ、味わい深い一品です。なめこやエノキダケは、加熱することで、よりとろみが出てくるので、しっかりと煮ましょう。味付けはあっさりですが、トウバンジャンがいいアクセントになっています。

【材料】２人分
絹ごし豆腐……１丁
豚肉（細切れ）……100g
生シイタケ……３枚
エノキダケ……100g
なめこ……100g
白ネギ……1/2 本
青ネギ……１本
ゴマ油……少量

【煮汁】
だし……200ml
みりん……40ml
砂糖……小さじ１
濃い口しょうゆ……40ml
トウバンジャン……少々

作り方

❶ 絹ごし豆腐は８等分に切って器に並べ、500W の電子レンジで６分加熱する。
❷ 生シイタケは５㎜幅に切る。エノキダケは半分に切る。なめこは水で洗う。白ネギは７㎜幅の斜め切りにする。
❸ フライパンにゴマ油を少量熱し、豚肉を炒める。豚肉にほぼ火が通ったら、❷を加えてさらに炒める。全体がしんなりしたら、煮汁の分量を全て加える。煮立ったら弱火で５分煮る。
❹ とろみが出てきたら、❶を加えてさらに５分煮る。
❺ 器に盛り付け、刻んだ青ネギを散らして出来上がり。

お揚げと豆腐の夫婦煮

作り方

❶ 絹ごし豆腐は軽く重石をして水切りし、半分に切った後、厚みも半分にする。さらに、三角形になるよう対角線上に包丁を入れる。

❷ 薄揚げを熱湯でゆでて油抜きし、半分に切った後、対角線上に包丁を入れて三角形にする。

❸ 菜の花は塩ゆでにする。

❹ 鍋にゴマ油を熱し、鶏ひき肉を炒めたら、合わせだしの分量を全て加える。

❺ 煮立ったらアクを取り、❶と❷を入れる。落とし蓋をして、煮立ってから弱火で12～13分煮る。

❻ 煮上がったら❸を加え、菜の花が温まったら器に盛り付ける。お好みで粉山椒を振りかけて出来上がり。

京都のおばんざいの定番「夫婦煮」は、同じ材料を異なる調理法で仕立てた食材を組み合わせた料理のこと。

飽きのこない素朴な味わいと、それぞれの食感が楽しめる絶妙さが夫婦煮の特徴です。山椒以外にも七味やユズコショウを添えてもいいですね。

【材料】2人分

絹ごし豆腐……1丁
薄揚げ……2枚
菜の花……4本
鶏ひき肉……50g
ゴマ油……適量
粉山椒……少々

【合わせだし】

だし……200ml
酒……大さじ1
みりん……大さじ2
砂糖……大さじ1
濃い口しょうゆ……35ml

はんぺんと小松菜の卵とじ

はんぺんに、だしが染み込んだ素朴な味わいがおいしい、体調を崩している時にもおすすめの、胃腸に優しい一品です。
小松菜はアクが少ないので、下ゆでを省いても構いません。水溶きカタクリ粉で少しとろみを付けてから卵とじにすることで、ふっくらトロッと仕上がります。

【材料】2人分
はんぺん……1枚
小松菜……100g
豚バラ肉……60g
卵……2個
ゴマ油……少量
水溶きカタクリ粉……大さじ1
【煮汁】
だし……450ml
みりん……大さじ2
濃い口しょうゆ……大さじ2
砂糖……小さじ1

作り方

❶ 小松菜と豚バラ肉は3㎝幅に切り、卵は溶きほぐす。
❷ はんぺんは16等分に切る。
❸ フライパンにゴマ油少量を熱し、❶の豚バラ肉を炒めたら、煮汁の分量全てと❷を加えて沸騰させ、落とし蓋をして中火で5分煮る。
❹ ❸に❶の小松菜を加えて火を通し、水溶きカタクリ粉で薄くとろみを付ける。
❺ 煮立っている❹に❶の卵を流し入れ、半熟に固まったら器に盛る。

豆腐と豚肉のうま煮

【材料】 2人分
木綿豆腐……1丁
豚バラ肉（薄切り）……100g
ちくわ……2本（140g）
生シイタケ……2枚
卵……1個
青ネギ……1本
ゴマ油……大さじ1
【煮汁】
だし……50ml
酒……大さじ1
濃い口しょうゆ……大さじ1
砂糖……大さじ1

しっかりとした食感の木綿豆腐に豚バラ肉のうまみが染み込んだ、ご飯が進むおかずです。

豆腐から出る水分で料理が水っぽくなってしまわないよう、調理前には豆腐の水切りをしっかりとしましょう。

ちくわやシイタケも入れることで、さまざまな食感が楽しめます。

作り方

❶ 木綿豆腐は厚みを半分に切り、キッチンペーパーに挟んで軽く重石をして、30分ほど水切りをした後、それぞれ8等分に切る。
❷ 豚バラ肉は3㎝長さに切る。
❸ ちくわと生シイタケは、それぞれ5㎜幅に切る。
❹ 煮汁の分量を全て合わせておく。
❺ フライパンにゴマ油を熱し、❷を炒める。火が通ったら❶と❸を加えてさらに炒める。豆腐に焼き色が付いたら、❹を全て加える。煮汁がほぼなくなるまで煮詰めたら、溶いた卵を回しかけ、半熟に仕上げる。
❻ ❺を器に盛り付け、刻んだ青ネギを散らして出来上がり。

トウバンジャンの代わりに、カレー粉でスパイシーに仕上げたマーボー豆腐です。豆腐は電子レンジにかけることで、手早く水切りができます。また、出来上がった後に余分な水分が出て水っぽくなるのも防ぐことができるので、ぜひお試しを。アツアツのご飯に乗せて、お召し上がりください。

カレーマーボー豆腐

【材料】2人分

絹ごし豆腐……1丁
豚ミンチ……100g
白ネギ……50g
ショウガ……10g
ニンニク……5g
サラダ油……大さじ1

【調味料】

カレー粉……大さじ1

A
水……200ml
鶏ガラスープの素（顆粒）……小さじ1
砂糖……大さじ1
濃い口しょうゆ……大さじ2
酒……大さじ1

カタクリ粉……小さじ2

作り方

❶ 豆腐は16等分に切り、600Wの電子レンジで約3分加熱したら、ザルに上げて水気を切る。
❷ **A**を合わせておく。
❸ 白ネギ、ショウガ、ニンニクはみじん切りにする。
❹ フライパンにサラダ油を熱し、❸を入れて炒める。香りが出てきたら、豚ミンチを加えてさらに炒める。豚ミンチに火が通ったら、カレー粉を加えてなじませてから❷を加える。
❺ ❹に❶を加え、3分ほど煮立ててから大さじ1の水で溶いたカタクリ粉でとろみを付けたら出来上がり。

鶏の彩り巻き

イベントにぴったりなパーティーメニューをご提案します。

そのままでもいただけますが、漬け地を煮詰めたコクのあるソースでいただくと、よりおいしさが増します。

楽しいひとときのお供にどうぞ。

【材料】 2人分
鶏もも肉……1枚
アスパラガス……1本
チーズ……25g
ニンジン……20g
大根……20g
卵……1個
ベビーリーフ……適量
ミニトマト……2個
サラダ油……適量

【漬け地の調味料】
酒……25ml
みりん……50ml
濃い口しょうゆ……25ml

【卵生地用の調味料】
みりん……小さじ1
薄口しょうゆ……小さじ1
マヨネーズ……大さじ1

作り方

❶ 鶏もも肉は身の厚いところを開き、できるだけ厚さを均等にする。調味料を全て合わせた漬け地に、30分漬け込んだら上げる。残った漬け地は取っておく。

❷ アスパラガスは、下1/3辺りの皮をピーラーでむき、半分に切る。チーズ、ニンジン、大根は1㎝角の約12㎝長さに切る。ニンジンと大根はサッとゆでる。

❸ 卵に、卵生地用の調味料を全て合わせる。サラダ油を少々熱したフライパンに流し入れ、焦がさないようにかき回し、スクランブルエッグにして冷ます。

❹ ❶の鶏もも肉に❸のスクランブルエッグを広げ、❷のアスパラガス、チーズ、ニンジン、大根を順に並べて手前から巻く。サラダ油を適量塗ったアルミホイルに乗せて巻き、両端をねじって留める。

❺ ❹を200℃のオーブンで30分焼いた後、常温になるまで置く。

❻ ❶で取っておいた漬け地を鍋に移し、こまめにアクを取り除きながら、1/3ほどになるまで煮詰めてソースを作る。

❼ ❺が冷めたら、アルミホイルから取り出して6等分に切り、皿に盛り付ける。ベビーリーフとミニトマトも乗せ、❻のソースを添えて出来上がり。

カニの蕪《かぶら》巻き棒ずし

華やかな席やおもてなし向きの一品。

すし酢の材料を火にかけるのは、砂糖と塩を溶かすのが目的です。溶けたらすぐに火を止めましょう。

蕪の千枚漬けで巻いた後、ラップで巻いたまま切り分けると失敗が少ないです。ぜひお試しください。

【材料】2人分
ご飯……300g
カニ缶……1缶
大葉……3枚
炒りゴマ……小さじ1
蕪の千枚漬け……3枚
ショウガの甘酢漬け……適量

【すし酢】
酢……大さじ1と2/3
砂糖……大さじ1と1/3
塩……小さじ1

作り方

❶ 炊きたてのご飯300gをボウルに移す。
❷ カニ缶は、水気を切って適当な大きさにさばく。
❸ 鍋にすし酢の材料を入れて火にかけ、塩と砂糖が溶けたらすぐに火から下ろす。
❹ ❶に❸を加えて合わせ、人肌まで冷ます。
❺ 大葉は千切りにする。
❻ ❹に❺、❷のカニ、炒りゴマを加えて混ぜ合わせる。ラップを広げた巻きすに乗せ、空気を抜きながら棒状に形を整える。
❼ 巻きすに、新たにラップを広げ、その上に千枚漬けを3枚並べる。ラップを外した❻をその上に置いて巻き、巻きすの上から軽く押さえて形を整える。
❽ ❼を適当な大きさに切り分け、ラップを外して器に盛ったら、ショウガの甘酢漬けを添える。

タイと焼き餅の
ユズコショウ風味椀

定番のお雑煮を、タイとユズコショウでちょっとアレンジしてみましょう。
タイのうまみと、ピリリと効いたユズコショウの辛みが絶妙です。
餅は電子レンジで加熱しても OK ですが、やはり焼き餅にするのがおすすめです。

作り方

❶ 切り餅は半分に切り、オーブントースターでこんがりと焼き色が付くくらいに焼く。
❷ タイは１㎝の厚さのそぎ切りにし、薄く塩をふって 10 分置く。
❸ キッチンペーパーで❷の水気を取り、カタクリ粉をまぶす。
❹ 三つ葉は３㎝長さに切る。
❺ 鍋に煮汁の材料を全て合わせて火にかける。煮立ったら❶と❸を加える。タイに火が通り、餅が柔らかくなったら、❹を加える。
❻ お椀に盛り付け、刻んだユズの皮を添えたら出来上がり。

【材料】 2人分
切り餅……3個
タイ……80g
三つ葉……1/2束
ユズの皮……適量
塩……適量
カタクリ粉……適量
【煮汁】
だし……400ml
酒……大さじ1
みりん……大さじ1
薄口しょうゆ……25ml
ユズコショウ……少々

合鴨とお餅のみぞれ椀

優しい甘みがクセになる、合鴨とカブを使ったみぞれ椀。いつものお雑煮とはひと味違うお餅料理、ぜひご賞味ください。
合鴨はカタクリ粉をまぶすことで、口当たりを良くします。カブを最後に加えることで、甘みをしっかり残しましょう。

【材料】2人分
合鴨……150g
切り餅……2個
カブ……中1個
ユズの皮……1/8個分
塩コショウ……適量
カタクリ粉……適量
【合わせだし】
だし……400ml
みりん……大さじ1
薄口しょうゆ……大さじ2

作り方

❶ 合鴨は3㎜厚さに切り、塩、コショウで下味を付けたら、カタクリ粉を薄くまぶす。
❷ 切り餅は包丁で4等分に切り、オーブントースターで焼く。
❸ カブは皮をむいてすりおろし、ザルに上げて軽く水気を切る。カブの葉は食べやすい大きさに切る。
❹ 鍋に合わせだしの材料を全て入れ、火にかける。煮立ってきたら❶を入れ、表面が白くなってきたら❷と❸を全て加える。
❺ 再び煮立ったらお椀に盛り、刻んだユズの皮をあしらって出来上がり。

揚げ餅とブリのみぞれ煮

お餅を、定番の雑煮や焼き餅以外のレシピでアレンジしてみましょう。
大根おろしは煮ることで甘みが増し、だしのうまみも染み込みます。とろっとした揚げ餅にからめると絶品です。
餅は中心まで火が通り、柔らかく膨らむまで揚げるのがコツ。

【材料】2人分
切り餅……3個
ブリ（切り身）……2切れ（200g）
大根……100g
セリ……40g
ユズの皮……適量
小麦粉……適量
揚げ油……適量
【煮汁】
だし……300ml
みりん……大さじ1
砂糖……大さじ1
薄口しょうゆ……大さじ1
濃い口しょうゆ……大さじ1

作り方
❶ 切り餅は半分に切り、ブリは食べやすい大きさに切る。
❷ 大根はすりおろしてザルに上げて、余分な水分を切っておく。セリは2㎝長さに切る。
❸ 170℃の揚げ油で❶の餅を揚げる。❶のブリは小麦粉をまぶしてきつね色に揚げる。
❹ 鍋に煮汁の材料を全て合わせて火にかける。煮立ったら❸のブリを加えて2分ほど煮る。
❺ ❹に❸の餅と❷を加える。
❻ 器に盛り、ユズの皮を散らして出来上がり。